新 視 野
中華經典文庫

新 視 野
中華經典文庫

韓非子

名譽主編 饒宗頤

導讀 陳耀南

譯注 陳秉才

中華書局

新視野中華經典文庫

韓非子

□
導讀
陳耀南

□
譯注
陳秉才

□
出版
中華書局（香港）有限公司
香港北角英皇道 499 號北角工業大廈一樓 B
電話：（852）2137 2338　傳真：（852）2713 8202
電子郵件：info@chunghwabook.com.hk
網址：http：//www.chunghwabook.com.hk

□
發行
香港聯合書刊物流有限公司
香港新界大埔汀麗路 36 號
中華商務印刷大廈 3 字樓
電話：（852）2150 2100　傳真：（852）2407 3062
電子郵件：info@suplogistics.com.hk

□
印刷
深圳中華商務安全印務股份有限公司
深圳市龍崗區平湖鎮萬福工業區

□
版次
2013 年 5 月初版
2017 年 9 月第 3 次印刷

□
規格
大 32 開（205 mm × 143 mm）

□
ISBN：978-988-8236-21-3

出版說明

為甚麼要閱讀經典？道理其實很簡單——經典正正是人類智慧的源泉、心靈的故鄉。也正是因此，在社會快速發展、急劇轉型，因而也容易令人躁動不安的年代，人們也就更需要接近經典、閱讀經典、品味經典。

邁入二十一世紀，隨着中國在世界上的地位不斷提高，影響不斷擴大，國際社會也越來越關注中國，並希望更多地了解中國、了解中國文化。另外，受全球化浪潮的衝擊，各國、各地區、各民族之間文化的交流、碰撞、融和，也都會空前地引人注目，這其中，中國文化無疑扮演着十分重要的角色。相應地，對於中國經典的閱讀自然也就有不斷擴大的潛在市場，值得重視及開發。

於是也就有了這套立足港臺、面向海外的「新視野中華經典文庫」的編寫與出版。希望通過本文庫的出版，繼續搭建古代經典與現代生活的橋樑，引領讀者摩挲經典，感受經典的魅力，進而提升自身品位，塑造美好人生。

本文庫收錄中國歷代經典名著近六十種，涵蓋哲學、文學、歷史、醫學、宗教等各個領域。編寫原則大致如下：

（一）精選原則。所選著作一定是相關領域最有影響、最具代表性、最值得閱讀的經典作品，包括中國第一部哲學元典、被尊為「群經之首」的《周易》，儒家代表作《論語》、《孟子》，道家代表作《老子》、《莊子》，最早、最有代表性的兵書《孫子兵法》，最早、最系統完整的醫學典籍《黃帝內經》，大乘佛教和禪宗最重要的經典《金剛經》、《心經》、《壇經》，中國第一部詩歌總集《詩經》，第一部紀傳體通史《史記》，第一部編年體通史《資治通鑒》，中國最古老的地理學著作《山海經》，中國古代最著名的遊記《徐霞客遊記》，等等，每一部都是了解中國思想文化不可不知、不可不讀的經典名著。而對於篇幅較大、內容較多的作品，則會精選其中最值得閱讀的篇章。使每一本都能保持適中的篇幅、適中的定價，讓普羅大眾都能買得起、讀得起。

（二）尤重導讀的功能。導讀包括對每一部經典的總體導讀、對所選篇章的分篇（節）導讀，以及對名段、金句的賞析與點評。導讀除介紹相關作品的作者、主要內容等基本情況外，尤強調取用廣闊的「新視野」，將這些經典放在全球範圍內、結合當下社會生活，深入挖掘其內容與思想的普世價值，及對現代社會、現實生活的深刻啟示與借鑒意義。通過這些富有新意的解讀與賞析，真正拉近古代經典與當代社會和當下生活的距離。

（三）通俗易讀的原則。簡明的注釋，直白的譯文，加上深入淺出的導讀與賞析，希望幫助更多的普通讀者讀懂經典，讀懂古人的思想，並能引發更多的思考，獲取更多的知識及更多的生活啟示。

（四）方便實用的原則。關注當下、貼近現實的導讀與賞析，相信有助於讀者「古為今用」、自我提升；卷尾附錄「名句索引」，更有助讀者檢索、重溫及隨時引用。

（五）立體互動，無限延伸。配合文庫的出版，開設專題網站，增加朗讀功能，將文庫進一步延展為有聲讀物，同時增強讀者、作者、出版者之間不受時空限制的自由隨性的交流互動，在使經典閱讀更具立體感、時代感之餘，亦能通過讀編互動，推動經典閱讀的深化與提升。

這些原則可以說都是從讀者的角度考慮並努力貫徹的，希望這一良苦用心最終亦能夠得到讀者的認可、進而達致經典普及的目的。

「弘揚中華文化」是中華書局的創局宗旨，二〇一二年又正值創局一百週年，「承百年基業，傳中華文明」，本局理當更加有所作為。本文庫的出版，既是對百年華誕的紀念與獻禮，也是在弘揚華夏文明之路上「傳承與開創」的標誌之一。

需要特別提到的是，國學大師饒宗頤先生慨然應允擔任本套文庫的名譽主編，除表明先生對本局出版工作的一貫支持外，更顯示先生對倡導經典閱讀、關心文化傳承的一片至誠。在此，我們要向饒公表示由衷的敬佩及誠摯的感謝。

倡導經典閱讀，普及經典文化，永遠都有做不完的工作。期待本文庫的出版，能夠帶給讀者不一樣的感覺。

中華書局編輯部

二〇一二年六月

目錄

說難終不羨韓非——《韓非子》導讀[1]

陳耀南

西人當初只因聽說「遙遠的東方有個『秦』」，於是就稱之為Chine或China，不知道這王朝竟如此短祚——從盡併諸國到亡滅，只不過十五年（公元前二二一—前二〇七），但又如此幽靈不散——「祖龍魂死業猶在」、「百代多行秦政治」，君主世襲、專制獨裁竟綿延了二千多載！

毛澤東這兩句詩（《讀封建論》，一九七三），描繪了中國政治歷史核心，查究下去，就必然迎出了「祖龍」（「始皇」的同義詞）以至歷代專制政治的辯護士和總設計師「韓非子」。

一生可悲的韓非，死於他的知音人秦王嬴政獄中（前二三三）。十二年後中國統一於「地形利害」和「號令賞罰」都遠超六國、因而最後成功的秦。秦王遂有「始皇」尊號。又十三年，始皇死（前二一〇）。再三年，秦亡漢興。八十多年後，司馬遷在《史記》中將韓非與老子、莊子、申不害合傳，這樣地記述：

1 此篇導讀及書中「賞析與點評」為本人所作，其餘各篇導讀則是原譯注者陳秉才君所撰，本人略有更正字詞而已，有補充、修正之處，已以按語形式注出，不敢掠美，特此說明，敬請讀者諸君明鑒。

韓非者，韓之諸公子也。喜刑名法術之學，而其歸本於黃老。非為人口吃，不能道說而善著書，與李斯俱事荀卿，斯自以為不如非。非見韓之削弱，數以書諫韓王，韓王不能用。……故作《孤憤》、《五蠹》、《內外儲》、《說林》、《說難》十餘萬言。……人或傳其書至秦。秦王見《孤憤》、《五蠹》之書，曰：「嗟乎，寡人得見此人與之遊，死不恨矣！」李斯曰：「此韓非之所著書也。」秦因急攻韓。韓王始不用非，及急，乃遣非使秦。秦王悅之，未信用。李斯、姚賈害之，毀之曰：「韓非，韓之諸公子也。今王欲併諸侯，非終為韓不為秦，此人之情也。今王不用，久留而歸之，此自遺患也，不如以過法誅之。」秦王以為然，下吏治非。李斯使人遺非藥，使自殺。韓非欲自陳，不得見。秦王後悔之，使人赦之，非已死矣。

申子、韓子皆著書，傳於後世，學者多有。余獨悲韓子為說難而不能自脫耳。

一個「悲」字，真的貫串了韓非的人生！

非常聰慧、早熟、敏感的他，卻生在高貴、堂皇而又複雜、虛偽的宮廷環境，聽厭了美妙的言談，看慣了醜惡的真相；不想逃遁於情慾，放逸於藝術，他關心政務，熱切改良，卻又生於世局大轉型的前夕，處身君庸臣賊、而又貼近虎狼之秦、國亡在即的弱亂之邦，卻又不忍、不能如他人的暮楚朝秦，捨離祖國。先天與童年的原因，嚴重的語言障礙，他好學、能文，從業於大儒荀卿，交上了同學李斯，從性惡、隆禮之說一滑而下，變本加厲，對人性、仁政，全失信心，卒之轉到任法、尊君的極端，以至殘酷寡恩，害人害己！

早已有許多人慨歎：聰明飽學如他，竟想不到（或者不以為意）：李斯本是小吏，富貴權位所在，事秦事楚無別，所以英主可以羈縻；韓非是國之世族，休戚相關，血濃於水（即如屈原之於楚），所以雄猜之君，終不能信他可以為己所用。韓非輕身入秦，不免與李斯（以至姚賈）利害衝突，更以疏間近，難怪宋代黃震《日鈔》譏歎：「送死秦獄，愚莫與比！」韓非死後，李斯權位更固，繼續輔佐秦王推行韓非理論。到秦皇一死，李斯又被所矯旨擁立的二世信更奸惡的趙高而害得全家慘死！

李斯、韓非，以至前此的商鞅、吳起等法家人物下場往往如此！不過，因為書寫得動人，又從未掌握得位，所以多一點獲得同情的，還是韓非。

中國第一個極權皇帝，欣賞他，自然也疑忌他；第一個全國的權相，畏忌他、害死他，但更貫徹、執行他的計策。漢以後歷朝政治莫不陽儒陰法，於是韓非死了，而又還沒有死。

二千年來無數評論者，斥罵他，惋惜他，嘲笑他，但是對他文章的清通、健銳，特別是推理和比喻的靈巧，都一致讚賞。論到歷代散文的論說一類，他與孟軻是先秦諸子的兩座巔峰。所不同的是他們相反的人性與民權信仰，相同的是他們所共歷的時世趨向，「定於一」，和自任以天下之重、以思想救世的學術承擔。

時世不斷在變，也不斷呈現種種病徵，有理想的人總覺得要想法醫治。理想高、抱負大，才能出眾而又富有使命感與同情心的人，更自覺是義不容辭的大國手。先秦諸子之學，就是由此而起。

首開晚周私家講學之風而為諸子之首的，是仲尼孔丘。墨翟、韓非，這兩名儒家死敵，最初都學於他的再傳弟子。據《論語．學而篇》，儒學精要是「志於道」（以探求人生真理為職志）、「據於德」（以天賦人性為根據）、「依於仁」（以道德良知為憑藉）、「遊於藝」（在各種學問匯成的文化江洋裏涵泳自得），循此發展，以尊天愛人為旨歸，以本心原性為基礎，以孝親敬長為起始，以勤學尚思為修養，以興仁復禮為功效，以君子賢人為典範，至於內聖外王，就最崇高尊貴了。這就是二千多年來作為中國文化骨幹的儒學大綱。歷代因之尊他為大成至聖先師，而繼承光大孔子之學的，是被稱為「亞聖」的孟軻。孟子以「仁」為人心安宅，「義」為行事正途，有志之士，必當「居仁由義」，以堯舜禹湯文武周公孔子一系列聖人為典範，而弘揚道統。其後荀子，最稱大師，教學既久，成就亦眾。他雖反孟軻「性善」之說，但仍極尊孔子而講「儒效」，勸「學」隆禮以成君子。所以，整個儒家體系就是：以仁心為基源，義理為原則，禮文為細目，交織拓擴，以顯示人之所以為人的「心性」主宰，建立鞏固「尚德」傳統，而發揚「人文」精神，這便是理想社會的共同規範了。

社會要講求荀子所謂「群居和一」，公德是必需的；東洋西海，心同理同，共識也是可能的。不過，「同」與「異」是矛盾而又並存的；「人心不同，各如其面」，個別差異在自然、在人間，都是有目共睹，不容否認，無可抹殺。一筆抹殺，強異為同，只造成無限而無情的痛苦。世間許多壞事是自以為「好心」而做出來的，許多罪惡是自以為義、強人從己而發生的，許多誤會是一廂情願的所謂「忠恕」而招致的，許多勞累、煩惱、紛爭以至罪過，是因為喜居人上而造成的。(以上理念，許多與後來傳入的佛家所信有相同相通之處，所以被反對的儒者稱為「二氏」。）所以，與儒家孔孟之道相異（不一定相反）而又相輔相補的，有老莊之徒，揭示一個形而上意義的「道」，其大無外，作為萬事萬物的總和；而物各有性，性各自足，都是得於自然的「德」；所以不必、也不可能以此例彼、或以彼代此。一切差異以至矛盾對立，都是無比偉大的「道」的一部分，永遠共存而又不斷互相流轉。(後來那神奇的「太極圖」就是這個道理的最佳象徵。）所以任何人間的共同規範，都沒有意義。作為萬物之一，人不配也不應有為，以免自擾擾人、欺人自欺。只有清靜無為，逍遙觀賞，順應自然，才是道理。他們把「道」講得又多又動聽，特別是春秋戰國動亂了幾百年，繼之以統一者嬴秦苛暴之政，和跟着的楚漢之爭，賢愚上下所有人都痛苦得不得了，到後來文景之世，把應時而興、合乎眾望的無為而治、與民休息的政策，標舉為「黃（帝）老（子）之道」，於是就被稱為「道家」，居於司馬談所謂有得而無失的「六家」之首了。

另一派思想：從儒家反出來另立門戶的墨家，厭病儒者煩擾奢費的禮樂喪葬種種儀文，他們對道家的玄虛之理也沒興趣，而只崇奉一個籠統的宗教意味的「天」，認為天的意志就是要人兼相愛、交相利，所以反對戰爭，他們相信鬼神，但又反對音樂、命運，主張節用、節葬，信仰的樸素和矛盾，基層大眾並不充分明白，也並不計較，他們只是感動、信服和跟從教主式領袖墨翟與接任的歷代「鉅子」，「摩頂放踵，利天下為之」的行俠仗義，以及民間幫會私人武力的團結互助。風從既眾，就與儒家並稱「顯學」。急公好義的墨者極重集體，與老莊道家同調的楊朱偏於個人，二者各趨一端而並斥於孟子。此外，除了不談政治的陰陽家，又有不像上述儒道墨三家之講究終極關懷，只是遊走列邦，把握其間的利害矛盾，馳騁舌辯以勸導諸侯或和或戰、或合或分，最終成就策士個人功名利祿的所謂「縱橫家」，以蘇秦張儀為冠冕人物。這就是韓非成長和活動時期，法家以外的諸子要略了。

儒道墨縱橫諸派，法家人士都不喜歡，認為他們大害於國——或者，最重要的，是不利於最高統治者。特別是處戰國末世、集法家大成的韓非子，對前述各家思想都了解，但都不滿意，甚至看不起、反對、唾棄。儒家講從自心發出的由親及疏的「推愛」；墨家認為應該是「天志」之下，無有差等的「兼愛」。韓非提醒領導人：「愛」就不利於統治。儒家以「親親」「尊賢」為治國用人兩大基準，韓非指出：這兩者之間一定矛盾，而且，「親親」就偏私，所謂「賢」也可以虛誕；還有利之所在，甚麼「親」「賢」都可以反戈攻擊君主！韓非認為，只有自己歸納綜合的那一套「憑勢、用術、行法」，才是明主的唯一妙方！

前期法家之書，《管子》、《商君書》、《申子》等等，雖或偽託，或不傳，但考核其中言論，與史書所記其人其事，則性格主張仍然可知，大抵都是從政務實，急功近利，不喜歡（也不擅長）抽象理念的探索和價值體系的建立——或者說：唯一價值，就在所效忠的國君當下的實際利益。甚麼人性陶冶、道德自覺等等，都嗤為迂闊，絕少關心，即有所謂教育，亦止於信賞必罰，訓練操控，以作生產和戰爭的工具。到集大成的韓非子，更是如此。其思想淵源和學術演變之跡，示如下表：

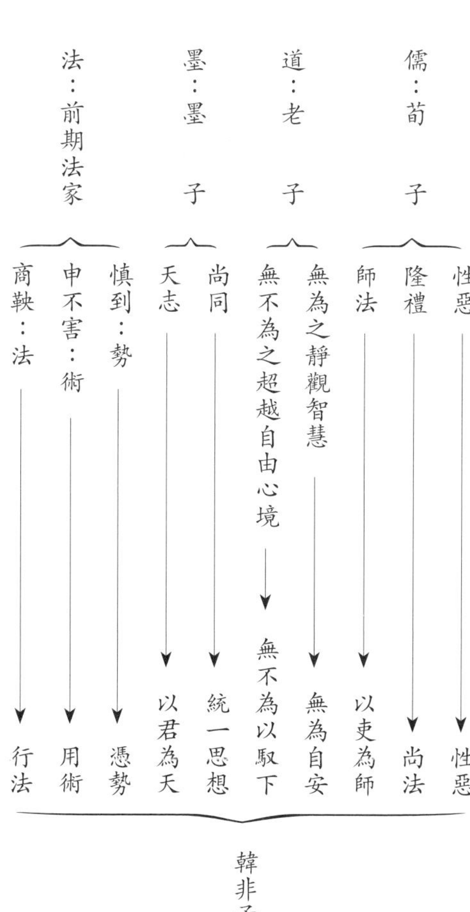

今本《韓非子》，大體可信為其自撰，間中有問題者，亦多為後學之所綴補或者擬作。作為學術研究，「韓非本人思想」與「《韓非子》書所表現之法家思想」是兩個有同有異的課題；作為本書導讀，則重點在於後者。個別作品的考據問題，不能多費篇幅了。以下表列《韓非子》全書大要，繼而精選條列最有代表性的言論，以見其主張：

本書節選	原書篇目次第	作者與釋題	各篇論旨
*	初見秦第一	與《戰國策·秦策一》作「張儀語」者幾全同，而文更清淺暢備，然所說皆儀死後事，韓非志存韓，而此篇勸攻韓，情理不合，故或疑他人之作。	勸秦用法，使謀臣盡忠，以兵強地利破六國合縱而霸天下。
	存韓第二	後半為李斯之文。	前半韓非求秦存韓，後為李斯上秦王駁韓非，及李斯上韓王勸依秦王書。
	難言第三	或疑早期之文，或疑囚秦之作。	論進言之難。
	愛臣第四	或疑早期之作。	明君必防臣，不可愛之太親。
*	主道第五	押韻，多黃老思想，或後期之作。	明主執虛靜、用權術、明賞罰的政治。
*	有度第六	多近《管子·明法》，疑是其他法家所作。	能行法度則國治。
*	二柄第七	多「刑」「德」對舉，以代「賞」「罰」，疑非韓子自作。	明君以「殺戮」「慶賞」為二柄以導制其臣。
*	揚權第八	情況同《主道》。	揚舉君權之道。或謂「權」當作「榷」，「揚榷」即「顯揚而扼要論述」之意。

篇目	作者	內容
*八奸第九	盛年之作。	權臣欺國誤國之八術：同牀、在旁、父兄、養殃、民萌、流行、威強、八方，明主防之。
*十過第十	文甚繁蕪，似近雜家者之作。	君臣危國亡身之十種過失，各舉史例。
*孤憤第十一	韓非自著。	智術能法之士，與當道營私之人，勢不兩立，因人主昏昧而孤獨、悲憤。
*說難第十二	韓非之作。	進說君主之各種困難，總在如何了解、打動對方心理。
和氏第十三	韓非之作。	玉師和氏，獻真玉而受誣遭刖，法術之士，危禍亦如之。
*奸劫弑臣第十四	早年之作。	奸邪、劫勢、弑主之臣種種欺君之術。
亡徵第十五	後期入秦前之作。	人主之國衰亡禍亂之徵兆。
三守第十六	離儒入法之作。	人主待臣有三原則，守之則國安身榮，失之則三劫至。
*備內第十七	韓非之作。	妻近子親，猶不可信，人主信人則制於人而患禍至。
*南面第十八	韓非之作。	人主以明法、責實、變古而治國。
飾邪第十九	頗有來自《呂氏春秋》文字，或是入秦後之作。	治國在明法，不在卜筮鬼神。

本書節選	原書篇目次第	作者與釋題	各篇論旨
*	解老第二十	選解《老子》要語。或疑他人之作。	
*	喻老第二十一	以史事傳説喻示《老子》之意。同《解老》，而作者又異。	
*	説林上第二十二	廣舉史事名言為例，其多如林，明世道人情真相。早期搜材抒論之作。	
*	説林下第二十三	同上。	
*	觀行第二十四	篇幅特小，尊儒近道，殆是韓非早年尚在荀門之作。	明主以道觀己之過，以法術觀人之限。
	安危第二十五		明主求安去危之術。
	守道第二十六		明主守法術之道。
	用人第二十七		明主以賞罰法術用人。
*	功名第二十八		明主以天時、人心、技能、勢位而立功成名。
	大體第二十九		致治立功成名之總原理。

篇目	說明	要旨
* 內儲說上七術第三十	韓非自撰。左上下及右下三篇頗多錯亂，或晚歲入秦事變甚急，未遑整理。簡冊重多，故分為內外左右上下數篇。儲集多量人間故事，以見世道人情，而備人君內外政治之參考。每篇若干主題，皆先作凝練之「經」，以陳述要理，挈領提綱；繼釋之以「說」，搜採歷史故事，或更以「一曰」「或曰」方式，廣納異聞雜記，以補充發揮。「經」「說」既可分別單行，更宜合觀一見其一貫呼應，闡明法家思想。	明主御眾所用之術有七，所觀察臣下微妙之情有六。
* 內儲說下六微第三十一		
* 外儲說左上第三十二		
* 外儲說左下第三十三		
* 外儲說右上第三十四		
* 外儲說右下第三十五		
* 難一第三十六	韓非晚年之作。二十八則短評，各皆先陳歷史故事，繼以質問疑難。其中多評管仲、孔子，可見其早期肯定二人，而後來轉為苛評之態度之變。間中與《呂氏春秋》所採故事相同，而觀點相反，以篇幅總量龐大，故析為四篇。	採輯古人行事言論，質疑其利害之理，以明法治。
* 難二第三十七		
* 難三第三十八		
難四第三十九		
* 難勢第四十	有關慎到言「勢」之評論集。韓非作。思想已離荀子。	先述慎到權勢治國之論，繼引質詢疑難者，終抒己見。
問辯第四十一	韓非作。	明主貴法令，賤辭辯。
* 問田第四十二	篇題似後人所加，後段亦與無關，或其徒補編。	以田鳩答問之語論法治。
* 定法第四十三	韓非之作。	申不害言明主御下之「術」，商鞅論政府治民之「法」，比較二者得失與未盡善處而抒己見。

本書節選	原書篇目次第	作者與釋題	各篇論旨
*	說疑第四十四	用典甚密，且多冷僻，或疑非盡韓作。	明主提防奸人言論行動。
*	詭使第四十五	韓非之作。	名實乖違，賞罰失當，是敗政之因。
*	六反第四十六	韓非之作。	奸偽與耕戰之民各六種，而賞罰與毀譽失當，國所以亂。
	八說第四十七	韓非之作。	八種世俗匹夫之私譽，實人主之大敗。
*	八經第四十八	韓非之作。稍有竄亂，八節之題亦有異說。	治國八大原則：因情、主道、起亂、立道、周密（？）參言、聽法、類柄、主威（？）。
*	五蠹第四十九	韓非之作。	儒者、縱橫策士、墨家任俠、逃兵役、務商賈者，為國之五蠹，明主棄之。
*	顯學第五十	韓非之作。	力斥儒墨之家崇古，非愚即誣。
*	忠孝第五十一	作者問題有疑。	教忠孝不能治國，唯有賞罰。
*	人主第五十二	或疑後學集韓之作。	人主必當絕對權威。
	飾令第五十三	錄自《商君書‧靳令》稍有刪節，無六蝨與仁義一段。	論整飭法令之要。
	心度第五十四	作者問題有疑。	以賞罰之法，度臣民之心。
	制分第五十五	作者問題有疑。	制賞罰，分功罪，以治國家。

一、人性惡而不可信靠：

「父母之於子也，產男則相賀，產女則殺之。……故父母之於子也，猶用計算之心相待也，況無父子之澤者乎？」（《六反》）

「人為嬰兒也，父母養之簡，子長而怨，子盛壯成人，其供養薄，父母怒而誚之。……皆挾相為而不周於為己也。」（《外儲說左上》）

「人主之患在於信人，信人則制於人……夫以妻之近與子之親，猶不可信，則其餘無可信者矣。」（《備內》）

二、物質經濟決定治亂：

「古者……不事力而養足，人民少而財有餘，故民不爭，是以厚賞不行，重罰不用，而民自治。今……人民眾而貨財寡，事力勞而供養薄，故民爭。雖倍賞累罰而不免於亂。」（《五蠹》）

三、務時用不法古：

「聖人不期修古，不法常可，論世之事，因為之備。」（《五蠹》）

「言先王之仁義，無益於治。」（《顯學》）

「無參驗而必之者，愚也；弗能必而據之者，誣也；故明據先王，必定堯舜者，非愚則誣也。愚誣之學，雜反之行，明主弗受也。」（《顯學》）

四、反儒墨：

「儒以文亂法，俠以武犯禁。」（《五蠹》）

「舉先王言仁義者盈庭，而政不免於亂。」（《五蠹》）

「不能具羹食而勸餓人飯。」（《八說》）

五、法重於德：

「夫嚴家無悍虜，而慈母有敗子，吾以此知威勢之可以禁暴，而德厚之不足以止亂也。夫聖人之治國，不恃人之為善也，而用其不得為非也：為治者用眾而捨寡，故不務德而務法。」（《顯學》）

「法之為道，前苦而長利；仁之為道，樂偷而後窮。」（《六反》）

「賞莫如厚而信，使民利之；罰莫如重而必，使民畏之；法莫如一而固，使民知之。」（《五蠹》）

六、愚民：

「民智之不可用，猶嬰兒之心也。……嬰兒不知犯其所小苦致其所大利也。今上急耕田墾草以厚民產也，而以上為酷；修刑重罰以為禁邪也，而以上為嚴；徵賦錢粟以實倉庫、且以救饑饉備軍旅也，而以上為貪；境內必知介而無私解（民皆知兵而不敢私鬥也），並力疾鬥所以禽虜也，而以上為暴。此四者，所以治安也，而民不知悅也。……夫民智之不足用亦明矣。故舉士而求賢智，為政而期適民，皆亂之端，未可與為治也。」（《顯學》）

「明主之國，無書簡之文，以法為教；無先王之語，以吏為師；無私劍之捍，以斬首為勇。」（《五蠹》）

七、明君統治之道：

韓非不言「仁君」而說「明主」，其統治之道是：

憑勢——勸位自固

用術——形名參同

行法——信賞必罰

慎到言尚勢，以為賢智未足服眾，而勢位可以屈賢，所以身不肖而威令行，就靠得助於眾。韓非廣其說，認為聖哲之君，百世無一；憑勢任法，則中材之君，亦可致治。所以，勢位是人主的筋力爪牙，不可去之。（見《難勢》、《人主》、《功名》諸篇。）

韓非以為：「明主之所道制其臣者，二柄而已矣。二柄者，刑德也。何謂刑德？曰：殺戮之謂刑，慶賞之謂德。為人臣者畏誅罰而利慶賞，故人主自用其刑德，則群臣畏其威而歸其利矣。」所以明主秉要執本，以闇見疵，形名參同，聽言而求其當，任身而責其功，所謂「因任授官，循名責實，操生殺之柄，課群臣之能」者，就是人主所操的「術」了。

綜核名實，繼之以信賞必罰，重一奸之罪而止境內之邪，報一人之功而勸境內之眾，「憲令著於官府，刑罰必於民心；賞存乎慎法，而罰加乎奸令者」，此所謂法。

法莫如顯，而術不欲見，不可一無；皆帝王之具也。（見《定法》）

總之，韓非以至他作為集大成代表的先秦法家，所秉持者絕非現代普遍價值的法治精神。人性自私，所以要制衡權力，要民主法治，以達社群之大公，這是現代共識；人性自私，所以要壓制、利用所有其他人的自私，以成就專制獨裁者最大的自私，這是先秦法家——例如講得最通透的韓非子！

現代講出「奉法而治」（rule of law），法律的制定是開誠佈公，法律的實施是人人平等，終極關懷在於全民；韓非他們則是「以法為治」，（rule by law），人人屈於「為君主而制、而君主獨非所制」的法律之下。一切利益最後歸於君主。君主以法律禁制臣民：「太上禁其心，其次禁其言，其次禁其事」（《說疑》），從行動，到言論，到思想，都在所統制！如果君主是人，則一切他人都只是工具，是牛馬！「賞之譽之不勸，罰之毀之不畏，四者加焉不變，則其除之！」（《外儲說右上》）連沉默退隱也不容許！所以，焚書之酷、坑儒之慘，都絕非偶然突發！《漢書．酷吏傳》說：「法令者，治之具，而非制治清濁之源也。」法令，並不是價值根本，漢代揚雄《法言》：「申韓之術，不仁至矣！何牛羊之用人也！」法家待人民，像對畜牲一樣。這是古代的評論，現代章炳麟《國故論衡．原道下》：「今無慈惠廉愛，則民為虎狼也；無文學，則士為牛馬也」；「國雖治，政雖理，其民不人」；「有見於國，無見於人；有見於群，無見於孑」——「孑」（音「揭」，不是「子」）就是一個個單獨的甚至是孤弱的，然而是有個性、有尊嚴、有人權的老百姓；過分地強調集體，必定也過分地壓縮個人；只知道擁護必然腐敗的絕對君權，更必然不把領袖以外的人當人看待！

韓非既深悉人性之惡，則君主亦人，其惡又何以不必防治，而又縱之任之，以肆統治之權，得大惡大私之利？若說秦之暴虐與速亡是二世、李斯等私心扭曲，不如說是本質趨勢如此。「飄風不終朝，驟雨不終日」，《老子》早有明訓！

百載以來，知悉歐西歷史者漸多，頗有把韓非子與十五、六世紀間意大利政客馬基雅維利（Niccolò Machiavelli，一四六九—一五二七）相提並論者。馬氏生於昔富貴而今破落之家，奮鬥苦學，力爭上游，於是躋身政壇，內政外交，多所參與，一五一二年至一五一三年間，捲入政變，乃被捕囚，旋即獲釋，從此退出官場，專心寫作，成《君主論》（The Prince），力主英明領袖，宜應不擇手段，用盡詭謀，以取個人及政府利益。馬氏既鬱鬱而卒，其書梓行，風動士林，影響日後歐西政治。論者就多說與千餘年前中國韓非頗有近似。其實細究起來，相異之處也不可忽視：

第一，西方自基督教普遍流行，原罪觀念深入人心，君相王侯，同在神前懺悔求赦，朝野上下對權力中毒之防治，早成共識。中國文化主流，以仁心善性為宗，韓非承荀子而變本加厲，強調性惡，懷疑仁愛，但又輕視禮教，只言賞罰，於是歷代多評其偏激，又或陰用其言，而陽棄其說。

第二，自羅馬帝國崩解，民族國家林立，以分裂獨立為常態，元首不過位同諸侯，權威有限。中國自秦漢之後，以大一統為正常，國家機器龐大，君主被擬為聖為神，世襲專制獨裁，法家更易助紂為虐。

第三，自羅馬君士坦丁大帝歸信，基督教會地位崇高，國君登基，教皇加冕，宗教改革之後，政教分離，但朝野共同信仰，成為制衡政府之公民權力。中國自西周以人文精神代替殷商尚鬼多祀，此後亦並無可與政權抗衡之教會，反之，教主亦受君王冊立，封贈尊號，而接受管制，神權反被政權利用。由此觀之，法家韓非之流，逢迎君惡的阻力，比較馬基雅維利為小。

論政者要打動人心，從政者要獲得權位，在今日民主之世，靠的是公開論辯，吸引選民；在專制君主當朝，就要以文辭打動帝心。陸機《文賦》：「說煒曄而譎誑」，就如現代有人所謂「政治是高明的騙術」。《文心雕龍．論說篇》所云：

> 戰國爭雄，辯士雲踴；縱橫參謀，長短角勢；轉丸騁其巧辭，飛鉗伏其精術；一人之辯，重於九鼎之寶；三寸之舌，強於百萬之師。

佩六國相印的蘇秦，封五個富邑的張儀，就是當世最多人豔羨的、成功的「縱橫」之士。「飛辯以馳術，饜祿而餘榮」（《文心．諸子》），韓非學勤思敏，不屑比於蘇、張，但同樣要寄望「人主」，可惜嚴重「口吃」，補償的是「善於著書」——他文字上的長處，主要有兩方面：一是清晰周密、脈絡分明，極合推理原則；二是例證豐富、生動，比喻靈巧、貼切，結合造成胡應麟《筆叢》所謂「抉摘隱微，燁如懸鏡」的動人效果。特別是《文心雕龍．諸子篇》所稱的「韓非著博喻之富」，書中《儲說》內（上下）、外（左上、下、右上、下）六篇，即是「寓言」，二百多則，其他《說林》上下、《喻老》、《十過》等篇，亦多以故事為例，後世許多成語、諺談、典故出於此，活躍在民眾口頭和文士筆下。最著者如：「守株待兔」、「自相矛盾」、「佩弦佩韋」、「濫竽充數」、「病入膏肓」、「鳴必驚人」、「三人成虎」、「郢書燕說」、「買櫝還珠」、「諱疾忌醫」……以至「和氏璧」、「曾子殺彘」、「鄭人買履」、「不死之藥」、「批其逆鱗」、「狗猛酒酸」等等，在文學藝術、語言技巧方面，韓非之書，就可說是少有病毒而營養甚多了！

修辭主要是動人以情，推論所重是服人以理，所以「入道見志、成一家言」的諸子，都有邏輯。「邏輯」這個外來語的普及程度，或者超過了「名學」、「論理」、「理則」等等較富中文本色的同義詞——因為似乎在西方一向較為發達——不過，概念與判斷的建立，推理的開展，既是普世人心所同，以雄文代利口的韓非，書中富有邏輯範例，也是應有之義了。

韓非痛批儒墨的經典妙喻：「矛盾」（《難一》、《難勢》），正是邏輯基本要律之一。以矛盾律為基礎的犀利武器：「二難論法」，再加上「假言推理」（如《解老》論證《老子》所謂「禍福倚伏」），「歸納推理」（多見於內外《儲說》六篇），都廣見書中。至於《二柄》、《八奸》、《十過》、《三守》、《七術》、《六微》、《六反》、《八說》、《八經》、《五蠹》等等篇章名目，更足見韓非辯（辨）類劃分的興趣，最後都以對於人主有益有用與否，為「二分」的基準。

「以霸王之業教君」既然是他著書立說的終極關懷，在立竿見影的功利現實之外的抽象思維，名理玩索，韓非自然不屑一顧，甚至大加掊擊。荀況承孔子而務「正名」，但已批評惠施等「甚察而不惠」（《非十二子》），精細過甚，沒有實益），「蔽於辭而不知實」（《解蔽》），沉溺在詞語文字，背離現實常識），到弟子韓非，眼中更只有君王勢位權力，認為「辯生於上之不明」（《問辯》），「堅白（公孫龍）無厚」的名家之辨，不容於憲令之法；甚麼「白馬非馬」，帶馬過關也非賦稅不可（《外儲說左上》）！戰國三晉，正如晚清，時人救亡圖存的危機感特別迫切，可以理解；不過，在希臘以至近代歐西，何嘗不城邦林立，興滅無常？對抽象名理之學何以興趣遠過？真值得更作思考。

老子主張「虛其心」、「弱其志」、「民之難治，以其智多」，法家尤其是韓非，更討厭人民多說亂動，不依君主指定的路數來用力用心，難怪「祖龍」一讀其書，恨未同遊了！

初見秦

本篇導讀——

「初見秦」，是韓非「初」次求「見秦」王的上書。

本文所選文段意在勸秦王用戰爭統一天下，建立統一的中央集權國家，取代諸侯割據勢力，是大勢所趨，是社會和平安定的需要。韓非通過對當時形勢的分析，讚揚推行法治的強秦「號令賞罰，地形利害，天下莫若也」，指出秦國早已具備統一天下的條件。作者認為，秦國所以沒有能夠成就「霸王之名」，主要是由於「謀臣皆不盡其忠」，以致三次失去成霸之機。文章還列舉了許多喪失戰機的事例，批評謀臣誤國。對於統一戰爭的重要性，文章也着重加以論述，得出「戰者，萬乘之存亡也」的結論。

或說，《初見秦》不是（陳耀南按：至少不全是）韓非作品。

臣聞：天下陰燕陽魏[1]，連荊固齊[2]，收韓而成從[3]，將西面以與秦強為難。臣竊笑之。世有三亡，而天下得之，其此之謂乎！臣聞之曰：「以亂攻治者亡，以邪攻正者亡，以逆攻順者亡。」今天下之府庫不盈，囷倉空虛[4]，悉其士民，張軍數十百萬，其頓首戴羽為將軍斷死於前不至千人[5]，皆以言死。白刃在前，斧鑕在後[6]，而卻走不能死也！非其士民不能死也，上不能故也。言賞則不與，言罰則不行，賞罰不信，故士民不死也。今秦出號令而行賞罰，有功無功相事也。出其父母懷衽之中，生未嘗見寇耳；聞戰，頓足徒裼[7]，犯白刃，蹈爐炭，斷死於前者皆是也。夫斷死與斷生者不同，而民為之者，是貴奮死也。夫一人奮死可以對十，十可以對百，百可以對千，千可以對萬，萬可以克天下矣。今秦地折長補短，方數千里，名師數十百萬。秦之號令賞罰，地形利害，天下莫若也。以此與天下[8]，天下不足兼而有也。是故秦戰未嘗不克，攻未嘗不取，所當未嘗不破，開地數千里，此其大攻也。然而兵甲頓，士民病，蓄積索[9]，田疇荒，囷倉虛，四鄰諸侯不服，霸王之名不成。此無異故，其謀臣皆不盡其忠也。

注釋

1 陰燕陽魏：北面是燕國，南面是魏國。指趙國處於中心位置。

2 固：緊密結合。

3 收：接納，糾合。從：同「縱」，合縱。

4 囷（粵：坤；普：qūn）：圓頂穀倉。

5 戴羽：把羽毛繫在頭盔上作為將軍的標誌。至：止。

6 斧鑕（粵：質；普：zhì）：古代腰斬時的刑具。鑕，墊在被殺者身下的砧木。

7 徒裼（粵：惕；普：xī）：脱下上衣，赤膊上陣。

8 與：通「舉」，攻取。

9 索：盡。

譯文

臣聽説：天下的大局是北燕南魏，連接楚國和齊國，糾合韓國而成合縱之勢，將要向西去同秦國對抗。臣私下譏笑他們。世上有三種滅亡途徑，六國都具備了，大概説的就是合縱攻秦的情形吧！臣聽説：「以混亂進攻安定必亡，以邪惡進攻正義必亡，以倒退進攻順乎前進的必亡。」如今六國的財庫不滿，糧倉空虛，徵發全國百姓，擴軍數百萬，其中戴羽的將軍發誓在前線決死戰鬥的不止千人，都説是不怕死；到了利刃在前，斧鑕在後，還是退逃不去拚死作戰！——不是説這些士兵不能死戰，而是六國君主不能使他們死戰的緣故。該賞的不賞，當罰的不罰，賞罰失信，所以士兵不願死戰。如今秦國公佈法令而實行賞罰，有功無功分別對待。百姓從脱離父母懷抱，一生都不曾見過敵人；但一聽説打仗，跺着腳赤膊上陣，迎着利刃，踏着炭火，上前拚死的比比皆是。拚死和貪生不同，而百姓之所以願意死戰，是因為他們崇尚英勇戰鬥而死的精神。一人奮勇拚命可抵十，十人可抵百，百人可抵千，千人可抵萬，萬人可以攻克天下。如今秦國領土截長補短，方圓數千里，雄師有百萬之眾。秦國法令賞罰嚴明，地形險要，天下沒有一個國家可比。憑這些有利條件攻取天下，無需費力就可以兼併。因此，秦國打仗沒有不獲勝的，攻城沒有不佔領的，遇上抵抗的軍隊沒有不擊敗的，開闢疆土數千里，這是一件大功。但是，士兵疲憊，百姓困乏，積蓄耗盡，田園荒蕪，穀倉空虛，四鄰諸侯不服，霸主之名不成。其中沒有別的緣故，只是秦國的謀臣沒有盡忠。

賞析與點評

「言賞則不與，言罰則不行，賞罰不信，故士民不死也。」「夫斷死與斷生者不同，而民為之者，是貴奮死也。」兩語道出六國敗弱而秦兵善戰之故。

臣敢言之：往者齊南破荊[1]，東破宋[2]，西服秦[3]，北破燕[4]，中使韓、魏[5]，土地廣而兵強，戰克攻取，詔令天下。齊之清濟濁河[6]，足以為限；長城巨防[7]，足以為塞。齊，五戰之國也[8]，一戰不克而無齊[9]。由此觀之，夫戰者，萬乘之存亡也。且臣聞之曰：「削株無遺根，無與禍鄰，禍乃不存。」秦與荊人戰，大破荊，襲郢[10]，取洞庭、五渚、江南[11]，荊王君臣亡走，東服於陳[12]。當此時也，隨荊以兵，則荊可舉；荊可舉，則其民足貪也，地足利也。東以弱齊、燕，中以凌三晉[13]。然則是一舉而霸王之名可成也，四鄰諸侯可朝也。——而謀臣不為，引軍而退，復與荊人為和，令荊人得收亡國，聚散民，立社稷主，置宗廟，令率天下西面以與秦為難。此固以失霸王之道一矣。天下又比周而軍華下[14]，大王以詔破之，兵至梁郭下[15]。圍梁數旬，則梁可拔；拔梁，則魏可舉；舉魏，則荊、趙之意絕；荊、趙之意絕，則趙危；趙危而荊狐疑；東以弱齊、燕，中以凌三晉。然則是一舉而霸王之名可成也，四鄰諸侯可朝也。——而謀臣不為，引軍而退，復與魏氏為和，令魏氏反收亡國，聚散民，立社稷主，置宗廟，令率天下西面以與秦為難。此固以失霸王之道二矣。前者穰侯之治秦也[16]，用一國之兵而欲以成兩國之功，是故兵終身暴露於外，士民疲病於內，霸王之名不成。此固以失霸王之道三矣。

注釋

1 齊南破荊：指齊宣王十九年（前三〇一年）聯合秦國在重丘（在今河南泌陽東北）打敗楚軍，虜楚將唐昧一事。據《史記．六國年表》記載，此事發生在齊湣王二十二年。

2 東破宋：指齊湣王十五年（前二八六年）齊國攻滅宋王偃一事。據《史記．六國年表》記載，此事發生在齊湣王三十八年。

3 西服秦：指齊湣王三年（前二九八年）齊國和韓、魏攻秦，攻至函谷關，秦割河東三城求和一事。據《史記．六國年表》記載，此事發生在齊湣王二十六年。

4 北破燕：指齊宣王六年（前三一四年）齊國攻燕國，燕王噲和子之被殺一事。

5 中使韓、魏：指前二九八年，齊和韓、魏攻秦國一事。使，驅使。據《史記．六國年表》記載，此事發生在齊湣王十年。

6 濟：濟水。河：黃河。

7 長城巨防：指齊國長城。東起自海，西抵濟水。巨防，指防門，齊長城西段的一個要塞，在平陰城（位於今山東平陰東北）南。

8 五戰：指南破荊、東破宋、西服秦、北破燕和齊宣王二年（前二八四年）齊和魏、趙、韓、楚、燕聯軍攻秦五次戰事。

9 一戰不克而無齊：指齊湣王十七年（前二八四年）燕、秦等五國聯軍在濟西打敗齊軍一事。燕將樂毅連下齊七十餘城，攻破齊都城臨淄，齊湣王逃到莒，為楚將淖齒所殺。

10 襲郢（粵：jiŋ[5]；普：yǐng）：指前二七八年秦將白起攻破楚都一事。

11 五渚：地在宛（位於今河南南陽）、鄧（位於今湖北襄樊北）之間，臨漢水。

12 服：保，防守。陳：楚國地名，位於今河南淮陽。

13 三晉：指取代晉國而建立的韓、趙、魏三國。

14 比周：緊密勾結。軍：駐兵。華：指華陽，韓國地名，位於今河南密縣東北。

15 梁：大梁，魏國國都，位於今河南開封。

16 穰侯：即魏冉，楚國人，秦昭襄王時，他四次任相，曾利用職權擴大封地。因封地在穰（位於今河南鄧縣），故名穰侯。

譯文

臣斗膽進言：過去齊國南面打敗楚軍，東面攻滅宋王偃，西面迫使秦國屈服，北面擊敗燕國，從中調遣韓、魏兩國，領土廣闊而兵力強大，戰勝攻取，號令天下。齊國清澈的濟水、渾濁的黃河，足以用作防線；長城、巨防，足以作為要塞。齊國打了五次勝仗，後來僅因一次戰鬥失利而瀕於滅亡。由此看來，戰爭關係到大國的存亡。而且臣聽說過這樣的話：「砍樹不要留根，不與禍害接近，禍害就不會存在。」秦軍和楚軍作戰，大敗楚軍，擊破郢都，佔領洞庭、五渚、江南一帶，楚國君臣逃跑，困守在東面的陳地。當此之時，秦兵追殲楚軍，就可以佔領楚國；既可佔領楚國，楚民就足以歸我所有，楚地就全部歸我所用。東可進而削弱齊、燕，在中原可進而控制韓、趙、魏。果能如此，那就是一舉成就霸王之名，可使四鄰諸侯都來朝拜。然而謀臣不這樣做，卻率軍隊撤退，重新與楚人講和，使楚人得以收復淪陷國土，聚集逃散百姓，重立社稷，再建宗廟，讓他們統率東方各國軍隊西向來挑戰秦國。這的確是秦國第一次失去稱霸天下的機會。合縱六國又緊密配合，駐軍華陽之下，大王下詔擊敗他們，兵臨大梁城下。包圍大梁數十天，攻克大梁在即；攻克大梁，就可一舉佔領魏國；佔領魏國之後，楚、趙聯合的意圖就破滅；楚、趙聯盟破滅，趙國就岌岌可危；趙國危機，楚國抗秦決心就會動搖；大王向東面可進而削弱齊、燕，在中原可進而控制韓、趙、魏。果能如此，那就是一舉成就霸主之名，讓四鄰諸侯前來朝拜稱臣。然而，謀臣沒有這樣做，卻率領軍隊撤退，重新與魏人講和，反而讓魏人收復國土，聚集逃散百姓，重立社稷，再建宗廟，讓他們統率東方各國西向來挑戰秦國。這的確是秦國第二次失去稱霸天下的機會。以前穰侯治理秦國時，用一國的兵力而想建立兩國的功業，因此士兵終身在野外艱苦作戰，百姓在國內疲憊不堪，未能成就霸主之名。這的確是秦國第三次失去稱霸天下的機會。

主道

本篇導讀——

「主道」是指做君主的原則。這裏韓非吸取道家虛靜無為的哲學思想，並運用到政治生活中，發展成為君主治國用人的原則。本文選其中三段加以介紹。

所選文段一提出君主應「守始以知萬物之源，治紀以知善敗之端」。保持清靜無為，使臣下不能探測君主的心意，從而杜絕他們窺竊君權的慾望。同時還要用刑名之術考察、使用臣下，根據他們的主張分派相應的使命，責求他們做出應有的功效。有功，疏賤必賞；有過，近愛必誅。「主道」體現了「君道無為，臣道有為」的思想。君主當順應客觀形勢推行法治，讓臣下貢獻出自己的才能去建立功業。「明君無為於上，群臣竦懼乎下」，「臣有其勞，君有其成功」。這就是韓非的「主道」。

文段二重在講述君主深藏不露之術，是為了防範臣下窺測君心，是為了控制臣下，防止權奸、朋黨的產生和作亂。「散其黨」、「閉其門」，「國乃無虎」；「大不可量，深不可測」，「國乃無賊」，權奸就不能竊權。

文段三是韓非對治國之道本於自然的解釋。這個原則要求君主不能用自己的好惡感情、心智技巧治理國家。君主所處的位勢，應像道的位勢一樣，「寂乎其無位而處，漻乎莫得其所」，處「無為」之勢，才能使群臣處於畏懼狀態。君主不自操事，不自計慮，而靠「符契」驗證、考核臣下的言事，「符契之所合，賞罰之所生也」。符契、賞罰體現的是法制精神。所有這些都是由道的本原演化而成，為是非標準確立的根據，它說明法制是自然法則的運用。

一

道者，萬物之始，是非之紀也[1]。是以明君守始以知萬物之源，治紀以知善敗之端。故虛靜以待令，令名自命也，令事自定也。虛則知實之情，靜則知動者正。有言者自為名，有事者自為形，形名參同[2]，君乃無事焉，歸之其情。故曰：君無見其所欲[3]，君見其所欲，臣自將雕琢；君無見其意，君見其意，臣將自表異[4]。故曰：去好去惡，臣乃見素；去舊去智，臣乃自備。故有智而不以慮，使萬物知其處；有賢而不以行，觀臣下之所因[5]；有勇而不以怒，使群臣盡其武。是故去智而有明，去賢而有功，去勇而有強。群臣守職，百官有常[6]，因能而使之，是謂習常。故曰：寂乎其無位而處，漻乎莫得其所[7]。明君無為於上[8]，群臣竦懼乎下[9]。明君之道，使智者盡其慮，而君因以斷事，故君不窮於智；賢者勑其材[10]，君因而任之，故君不窮於能；有功則君有其賢，有過則臣任其罪，故君不窮於名。是故不賢而為賢者師，不智而為智者正。臣有其勞，君有其成功，此之謂賢主之經也。

注釋

1 紀：準則，綱領。

2 參同：驗證相合。參，驗證。同，合。

3 見：同「現」。

4 表異：偽裝。

5 因：憑藉，依據。

6 常：指常規、常法。

7 漻：通「寥」，寥廓，高遠空曠。

8 無為：《老子》中提出的哲學概念。道家的「無為」是指宇宙的存在狀態，指出道無為，萬物自化，從而又體現了「無為而無不為」的最高境界。韓非接受無為思想，把它運用到治國理論方面，形成了法家任勢用術的最高原則。無為已經成為韓非法制思想的理論基礎。所以他認為，君主「無為」，就可以不費氣力地使臣下把事情辦好。

9 竦：通「悚」，害怕，恐懼。

10 勑：慰勉，鼓勵。

譯文

道是萬物的本原，是非的準則。因此英明的君主把握本原來了解萬物的起源，研究準則來了解成敗的原因。所以虛無安靜地對待一切，讓名稱自然命定，讓事情自然確立。虛無了，才知道實在的真相，冷靜了，才知道行動的準則。進言者自會確定主張，辦事者自會產生效果，效果和主張驗證相合，君主就無需躬親瑣事，而使事物呈現出本來面目。所以說，君主不要顯露他的慾望，君主顯露他的慾望，臣下將自我粉飾；君主不要顯露他的意圖，君主顯露他的意圖，臣下將自我偽裝。所以說：除去愛好，拋開好惡，臣下就顯露真相；除去成見，拋開智慧，臣下就約束自己。所以君主有智慧也不用來謀事，使萬物處在它適當的位置上；有賢能也不表現為行動，以便察看臣下依據甚麼行事；有勇力也不用來逞威風，使臣下充分發揮他們的勇武。因此君主不用智慧卻仍能明察，離開賢能卻仍有功績，離開勇力卻仍然強大。群臣恪守職責，百官都有常法，君主根據才能使用他們，這叫遵循常規。所以說：寂靜啊！君主好像沒有處在君位上；寥廓啊！臣下不知道君主在哪裏。明君在上面無為而治，群臣在下面誠惶誠恐。明君的原則是，使聰明人竭盡思慮，君主據此決斷事情，所以君主的智力不會窮盡；鼓勵賢者發揮才幹，君主據此任用他們，所以君主的能力不會窮盡；有功勞在君主頭上閃現出賢能的光彩，有過失則臣下承擔恥辱的罪責，所以君主的名聲不會衰減。因此不顯示賢的卻是賢人的老師，不顯示智的卻是智者的君長。臣下承擔勞苦，君主享受功名，這就叫賢明君主的常法。

賞析與點評

「君無見其所欲，君見其所欲，臣自將雕琢；君無見其意，君見其意，臣將自表異」。老子所謂「魚不可脫於淵，國之利器，不可以示人」。「有功則君有其賢，有過則臣任其罪。」二語最合從來自私領袖之意。

二

道在不可見[1]，用在不可知。虛靜無事，以暗見疵[2]。見而不見[3]，聞而不聞，知而不知。知其言以往，勿變勿更，以參合閱焉。官有一人，勿令通言，則萬物皆盡。函掩其跡，匿其端，下不能原[4]；去其智，絕其能，下不能意。保吾所以往而稽同之[5]，謹執其柄而固握之。絕其望，破其意，毋使人欲之。不謹其閉[6]，不固其門，虎乃將存。不慎其事，不掩其情，賊乃將生。弒其主[7]，代其所，人莫不與，故謂之虎。處其主之側，間其主之忒[8]，故謂之賊。散其黨，收其餘，閉其門，奪其輔，國乃無虎。大不可量，深不可測，同合刑名[9]，審驗法式[10]，擅為者誅，國乃無賊。

注釋

1 道：指君主掌握的道。這裏實際上就是指駕馭群臣的「術」。

2 疵（粵：雌；普：cī）：小毛病。

3 而：如同，好像。

4 原：推測根源。

5 稽：考查。同之：指言論與實際一致。

6 閉：門閂所插入的孔。這裏指門閂。

7 弒：殺，指臣殺君，下殺上。

8 間（粵：諫；普：jiàn）：暗中窺伺。忒（粵：惕；普：tè）：差錯，過失。

9 刑：通「形」，行為的表現。

10 法式：法度。

譯文

道是看不見的，君主運用道的時候，也不能被察覺。君主要保持虛靜無事的態度，以隱蔽的方法察看群臣的過失。看到了好像沒看到，聽到了好像沒聽到，知道了裝作不知道。君主知道了臣下的言論以後，不要予以變動更改，而要用驗證比較的方法考察他們的言論是否與實際相符。每一個官職只有一個人任職，不要讓各位官員串通消息，那樣一切事情就全都露出實情。君主掩蓋起自己的形跡，隱藏起事情的苗頭，臣下就不能推測到他的心意；君主摒除個人的智慧，不用自己的才能，臣下就不能揣測到他的真情。君主要堅守自己的意圖去考核臣下言論是否與實際相符，謹慎地抓住國家的權柄且牢固地掌握它。杜絕臣下的窺視，破壞臣下的慾念，不要讓群臣貪求君主的權柄。如果不謹慎門閂，不牢固地關好大門，惡虎就將潛入。如果不謹慎對待自己的行事，不掩蓋自己的真情，奸賊就有機可乘。敢於殺掉他的君主，篡奪君主的權位，沒有誰不畏懼順從他，所以稱他為惡虎。侍奉在君主的左右，暗中窺伺君主的過失，所以稱他為奸賊。君主如果粉碎奸臣的私黨，逮捕奸臣的餘孽，封閉奸臣的門戶，剷除奸臣的幫兇，國家就沒有惡虎了。君主的治術大到不可估量，深得不可探測，考核臣下的行為與言論是否一致，考察和檢驗群臣的活動是否合於法度，擅自妄為的就予以誅罰，國家就沒有奸賊了。

賞析與點評

「道在不可見，用在不可知。虛靜無事，以暗見疵。」老子之道，韓非用作權謀馭下之術。

三

人主之道，靜退以為寶[1]。不自操事而知拙與巧，不自計慮而知福與咎[2]。是

以不言而善應[3]，不約而善增[4]。言已應，則執其契[5]；事已增，則操其符[6]。符契之所合，賞罰之所生也。故群臣陳其言，君以其言授其事，事以責其功。功當其事，事當其言，則賞；功不當其事，事不當其言，則誅[7]。明君之道，臣不得陳言而不當。是故明君之行賞也，曖乎如時雨[8]，百姓利其澤；其行罰也，畏乎如雷霆，神聖不能解也。故明君無偷賞[9]，無赦罰。賞偷，則功臣墮其業[10]；赦罰，則奸臣易為非。是故誠有功，則雖疏賤必賞；誠有過，則雖近愛必誅。疏賤必賞，近愛必誅，則疏賤者不怠，而近愛者不驕也。

注釋

1 退：這裏有不露鋒芒、不為人先的意思。

2 咎（粵：究；普：jiù）：過失，禍患。

3 善應：善於提出自己的主張。

4 善增：善於提高功效。

5 契（粵：kɐi^{3}；普：qì）：古代一種憑證。在竹簡或木片上刻字，分為兩半。雙方各收一半，驗證時將兩半相合。

6 符：古代調兵遣將用的憑證，用竹、木或銅、玉做成。中分為二，雙方各執一半，驗證時將兩半相合。

7 誅：懲罰。

8 曖（粵：愛；普：ài）：温潤。

9 偷：苟且，隨便。

10 墮：通「惰」，懈怠。

譯文

君主的原則，以靜退為貴。不親自操持事務而知道臣下辦事的拙和巧，不親自考慮事情而知道臣下謀事的福和禍。因此君主不多説話而臣下就要很好地謀慮，不作規定而臣下就要很好地辦事。臣下已經提出主張，君主就拿來作為憑證；臣下已經做了事情，君主就拿來作為考核的依據。拿了憑證進行驗證，就是決定賞罰的根據。所以群臣陳述他們的主張，君主根據他們的主張授予他們職事，依照職事責求他們的功效。功效符合職事，職事符合主張，就賞；功效不符合職事，職事不符合主張，就罰。明君的原則，要求臣下不能説話不算數。因此明君行賞，像及時雨那麼温潤，百姓都能受到他的恩惠；君主行罰，像雷霆那麼可怕，就是神聖也不能解脱。所以明君不隨便賞賜，不赦免懲罰。賞賜隨便了，功臣就懈怠他的事業；懲罰赦免了，奸臣就更變本加厲。因此確實有功，即使關係疏遠、地位卑賤的人也一定賞賜；確實有罪，即使親近喜愛的人也一定懲罰。疏賤必賞，近愛必罰，那麼疏遠卑賤的人就不會懈怠，而親近喜愛的人就不會驕橫了。

賞析與點評

「誠有功，則雖疏賤必賞」，此法家有效，勝儒家重情之處，但世襲獨裁之君，是否必能有賞罰之明？又成疑問。

有度

本篇導讀——

「有度」指治國要有法度。有法度就是以法治國，法度是治國之要。作者指出，君主能否堅決推行法治，是決定國家強弱的關鍵。推行法治，就要「使法擇人」、「使法量功」，這樣，做臣子的才會忠心不二地尊奉君主。否則，君主僅憑虛名擇臣，臣下就會廢法行私，用虛偽的道德來沽名釣譽，結黨營私，侵害君主。只有堅決以法辦事，「法不阿貴，繩不撓曲」，「刑過不避大臣，賞善不遺匹夫」，嚴厲打擊奸臣的破壞活動，國家才能強盛，社會才能大治。

本文為《有度》篇第五段。所選文段提出「法不阿貴」的思想，被認為是中國古代法治思想史上的精華，是對戰國以前「刑不上大夫，禮不下庶人」貴族法權的否定，具有歷史的進步意義。「矯上之失」、「一民之軌」，更具有法的平等觀念，它是「法不阿貴」思想的進一步昇華，體現了以法治國的思想，它排除「釋法用私」的人治行為，不允許用法外的個人意志處理政事，不允許用私心進行賞罰。由於歷史的局限性，這些思想儘管難以真正實現，但是，它在中國法治思想史上具有開創意義。

夫人臣之侵其主也，如地形焉，即漸以往，使人主失端，東西易面而不自知。故先王立司南以端朝夕[1]。故明主使其群臣不遊意於法之外，不為惠於法之內，動無非法。峻法，所以禁過外私也；嚴刑，所以遂令懲下也。威不貳錯[2]，制不共門[3]。威、制共，則眾邪彰矣；法不信，則君行危矣；刑不斷，則邪不勝矣。故曰：巧匠目意中繩[4]，然必先以規矩為度[5]；上智捷舉中事[6]，必以先王之法為比[7]。故繩直而枉木斫[8]，準夷而高科削[9]，權衡縣而重益輕[10]，斗石設而多益少[11]。故以法治國，舉措而已矣[12]。法不阿貴[13]，繩不撓曲[14]。法之所加，智者弗能辭，勇者弗敢爭。刑過不避大臣，賞善不遺匹夫。故矯上之失，詰下之邪[15]，治亂決繆[16]，絀羨齊非[17]，一民之軌[18]，莫如法。厲官威民[19]，退淫殆[20]，止詐偽，莫如刑。刑重，則不敢以貴易賤[21]；法審[22]，則上尊而不侵。上尊而不侵，則主強而守要，故先王貴之而傳之。人主釋法用私，則上下不別矣。

注釋

1 司南：古代測定方向的儀器。端：正。
2 錯：通「措」，置，引申為樹立。
3 制：帝王的命令。這裏可理解為權力。
4 意：揣度。中：合。繩：木匠用的墨線。
5 規：畫圓的器具。矩：畫方的器具。
6 中事：合乎要求。
7 比：例證。
8 枉：曲。斫（粵：酌；普：zhuó）：砍削。
9 準：量平的器具。夷：平。高科：凸出的部分。
10 縣：同「懸」。
11 斗石：都是容量單位。十斗為一石，重一百二十斤。
12 舉措：處理，安排。舉，提起來，升。措，降下去。
13 阿（粵：柯；普：ē）：迎合，偏袒。
14 撓：屈，引申為遷就。
15 詰：追究。

16 繆：通「謬」，謬誤。
17 絀：通「黜」，削減。羨：多餘。
18 軌：規則，規範。
19 厲：整治。
20 殆：通「怠」，怠惰。
21 易：輕視。
22 審：嚴明。

譯文

臣子侵害君主，就像行路時的地形一樣，由近及遠，逐漸變化，使君主失去方向，東西方位改變了，自己卻不知道。所以先王設置指南儀器來判斷東西方位。所以明君不讓他的群臣在法律之外亂打主意，也不允許在法令規定的範圍內謀求利益，舉動沒有不合法的。嚴峻的法令是用來禁止犯罪、排除私慾的；嚴厲的刑法是用來貫徹法令、懲辦臣下不軌行為的。威勢不能分置，權力不能同享。威勢權力與別人同享，奸臣就會公然濫用權力；執法不堅定，君主的行為處境就會危險；刑罰不果斷，就不能戰勝奸邪。所以說：巧匠目測合乎墨線，但必定先用規矩作為標準；智力高者辦事敏捷合乎要求，必定用先王的法度作為依據。所以墨線直了，曲木就要砍直；水準器平了，高凸就要削平；秤具拎起，就要減重補輕；量具設好，就要減多補少。所以用法令治國，不過是制定出來、推行下去罷了。法令不偏袒權貴，墨繩不遷就彎曲。法令該制裁的，智者不能逃避，勇者不敢抗爭。懲罰罪過不迴避大臣，獎賞功勞不漏掉平民。所以矯正君主的過失，追究臣民的奸邪，治理紛亂，判斷謬誤，削減多餘，糾正錯誤，統一民眾的規範，沒有比得上法律的。整治官吏，威懾民眾，除去淫亂怠惰，禁止欺詐虛偽，沒有比得上刑罰的。刑罰重了，就不敢因地位高輕視地位低的；法令嚴明，君主就尊貴不受侵害。尊貴不受侵害，君主就強勁而掌握權勢，所以先王重法並傳授下來。君主棄法用私，君臣之間就沒有區別了。

賞析與點評

「法之所加，智者弗能辭，勇者弗敢爭。刑過不避大臣，賞善不遺匹夫。」平等精神可取；但至君主而止，可惜可哀！

二柄

本篇導讀——

「二柄」指刑與德，即懲罰與獎賞兩種權柄。韓非在本篇重點分析了君主掌握和運用賞罰兩種權柄的重要性，指出君主只有獨自掌握賞罰大權，才能駕馭臣下。如果臣下篡奪賞罰大權，君主反而會被臣下控制。君主正確掌握賞罰，必須「審合刑名」，即審察臣下言論與事功是否相符合，「功當其事，事當其功，則賞；功不當其事，事不當其言，則罰」。為了不給臣下以可乘之機，文中提出君主要「去好去惡」，不表露愛憎感情，使臣下失去侵奪權柄的依據，不能蒙蔽君主。

本文選錄《二柄》的第一段。文中指出君主馭臣之術總的來講不外賞罰兩種權柄，而這兩種權柄又被比作虎的爪牙，十分形象、得體。作為馭臣的法寶，豈有借人之理。因為這種法寶是護身之寶、保命之寶、治國之寶。文中列舉數件失去二柄所釀成的禍端來警示在位國君，齊國的田常拿到君主的賞賜權，宋國的子罕拿到君主的刑罰權，結果導致了齊君、宋君被殺。韓非把這種悲劇形象地比作虎失爪牙被狗欺。讓韓非十分痛心的是，諸多君主仍在重蹈歷史的覆轍，故作此文以示警戒。

明主之所導制其臣者[1]，二柄而已矣。二柄者，刑、德也。何謂刑、德？曰：殺戮之謂刑[2]，慶賞之謂德。為人臣者畏誅罰而利慶賞，故人主自用其刑、德，則群臣畏其威而歸其利矣。故世之奸臣則不然[3]，所惡，則能得之其主而罪之；所愛，則能得之其主而賞之。今人主非使賞罰之威利出於己也，聽其臣而行其賞罰，則一國之人皆畏其臣而易其君[4]，歸其臣而去其君矣。此人主失刑、德之患也。夫虎之所以能服狗者，爪牙也；使虎釋其爪牙而使狗用之，則虎反服於狗矣。人主者，以刑、德制臣者也，今君人者釋其刑、德而使臣用之，則君反制於臣矣。故田常上請爵祿而行之群臣[5]，下大斗斛而施於百姓[6]，此簡公失德而田常用之也[7]，故簡公見弒[8]。子罕謂宋君曰[9]：「夫慶賞賜予者，民之所喜也，君自行之；殺戮刑罰者，民之所惡也，臣請當之。」於是宋君失刑而子罕用之。故宋君見劫[10]。田常徒用德而簡公弒[11]，子罕徒用刑而宋君劫。故今世為人臣者兼刑、德而用之，則是世主之危甚於簡公、宋君也。故劫殺擁蔽之主[12]，兼失刑、德而使臣用之而不危亡者，則未嘗有也。

注釋

1 制：控制。

2 戮：殺。

3 故：通「顧」，可是，但是。

4 易：輕視，看不起。

5 田常：即田成子，也叫陳恆、陳成子，春秋末期齊國大臣。他採取各種爭取民心的手段，擴大政治勢力。前四八一年，他發動政變，攻殺齊簡公，控制了齊國的政權。

6 斛（粵：酷；普：hú）：古代量器，十斗為一斛。

7 簡公：指齊簡公，名任。

8 見弒（粵：試；普：shì）：被殺。

9 子罕：即皇喜，姓戴。戰國中期任宋國司城（掌管土木建築工程的官），兼管刑獄。他劫殺宋桓侯，奪取了宋國的政權。宋君：指宋桓侯，名璧。

10 見劫：被劫持，被劫殺。

11 徒：只，僅僅。

12 擁：壅塞，堵塞。

譯文

明君用來控制臣下的，不過是兩種權柄罷了。兩種權柄就是刑和德。甚麼叫刑、德？可以說：殺戮叫做刑，獎賞叫做德。做臣子的害怕刑罰而貪圖獎賞，所以君主親自掌握刑賞權力，群臣就會害怕他的威勢而追求他的獎勵。而現在的奸臣卻不是這樣，他們對所憎惡的人，能夠從君主那裏取得權力予以懲罰；對所喜愛的人，能夠從君主那裏取得權力予以獎賞。假如君主不是把賞罰的威嚴和利益掌握在自己手裏，而是聽任他的臣下去施行賞罰，那麼全國的人就都會害怕權臣而輕視君主，就都會歸附權臣而背離君主。這是君主失去刑賞大權的禍害。老虎能制服狗，靠的是爪牙；假使老虎去掉牠的爪牙而讓狗使用，那麼老虎反而會被狗所制服。君主是要靠刑、德來制服臣下的，如果做君主的丟掉刑賞大權而讓臣下使用，那麼君主反而會被臣下所控制。所以田常向君主請求爵祿而賜給群臣，對下用大斗出小斗進的辦法把糧食借貸給百姓，這就是齊簡公失去獎賞大權而由田常掌握，簡公所以遭到殺害。子罕告訴宋桓侯說：「獎賞恩賜是百姓喜歡的，君王自己施行；殺戮刑罰是百姓憎惡的，請讓我來掌管。」於是宋桓侯失去刑罰大權，由子罕掌握。宋桓侯因而遭到挾持。田常僅僅掌握了獎賞大權，齊簡公就遭到了殺害；子罕僅僅掌握了刑罰大權，宋桓侯就遭到了劫殺。所以現在做臣下的同時統攝了刑賞大權，那麼君主將會遭受到比齊簡公、宋桓侯更大的危險。所以被劫殺被蒙蔽的君主，一旦同時失去刑賞大權而由臣下執掌，卻不導致危亡，是從來沒有過的。

賞析與點評

「為人臣者畏誅罰而利慶賞，故人主自用其刑、德，則群臣畏其威而歸其利矣。」最後之利歸於獨裁之君，則篡奪之禍亦終不免。

揚權

本篇導讀——

揚權，就是弘揚君權。（陳耀南按：或説當作「揚榷」，「顯揚而扼要論述」之意，）韓非繼承黃老學派思想，從哲學高度論證君權至高，提出「道無雙，故曰一，是故明君貴獨道之容」。「道不同於萬物」，「君不同於群臣」。因此，君主應當和道一樣，以獨一無二自居，高踞於群臣和百姓之上。這是韓非加強君主集權的思想，也是建立中國歷史上第一個統一的中央集權專制主義封建國家的理論基礎。他還提出，君主保持獨尊地位，必須掌握形名之術，控制賞罰大權，但不是獨攬一切權力，獨斷專行，而是「事在四方，要在中央」。只有讓四方忙碌，司夜執鼠，各盡其責，中央集權才能鞏固。

韓非在文段二中進一步提出，中央集權的最大障礙是大臣擅權，獨斷專行，削弱君主權力。小則與君主分庭抗禮，大則成為諸侯，變成獨立王國。一旦這種尾大不掉的局面形成，便會臣弒其君，國破身亡。所以韓非強調，「有道之君，不貴其臣」，「一家不可二貴，一國不容二君」，正是君主專制的中央集權的理論體現。

（陳耀南按：本篇多韻句，文體特異。）

一

天有大命[1]，人有大命。夫香美脆味，厚酒肥肉，甘口而疾形[2]；曼理皓齒[3]，說情而捐精[4]。故去甚去泰[5]，身乃無害。權不欲見[6]，素無為也[7]。事在四方，要在中央[8]。聖人執要，四方來效。虛而待之，彼自以之[9]。四海既藏，道陰見陽[10]。左右既立，開門而當[11]。勿變勿易，與二俱行[12]。行之不已，是謂履理也。夫物者有所宜，材者有所施，各處其宜，故上下無為。使雞司夜[13]，令狸執鼠[14]，皆用其能，上乃無事。上有所長，事乃不方[15]。矜而好能[16]，下之所欺；辯惠好生[17]，下因其材。上下易用[18]，國故不治。

用一之道[19]，以名為首，名正物定；名倚物徙[20]。故聖人執一以靜，使名自命，令事自定。不見其采，下故素正。因而任之，使自事之；因而予之，彼將自舉之；正與處之，使皆自定之。上以名舉之，不知其名，復修其形。形名參同[21]，用其所生。二者誠信，下乃貢情。

謹修所事，待命於天。毋失其要，乃為聖人。聖人之道，去智與巧，智巧不去，難以為常。民人用之，其身多殃，主上用之，其國危亡。因天之道，反形之理，督參鞠之[22]，終則有始。虛以靜後，未嘗用己。凡上之患，必同其端[23]。信而勿同，萬民一從。

注釋

1 大命：大限，生命定數，限數。

2 疾形：使身體生病。疾，名詞作動詞用。

3 曼理皓齒：形容女人的美貌。曼理，細緻的紋理。這裏指細膩的皮膚。皓齒，潔白的牙齒。

4 說：同「悅」。捐：耗費，丟棄。

5 泰：過度。

6 見：同「現」。

7 素：本色。無為：《老子》中提出的哲學概念，是一種順應自然的虛靜狀態。

8 要：樞紐，關鍵，指國家的最高權力。

9 以：用。

10 道：由，從。陰：指靜。陽：指動。

11 開門：打開耳目等感覺器官。當：受。

12 二：名、實。

13 司：主管。

14 狸：貓。古代稱貓為狸。執：捉。

15 不方：不當。

16 矜（粵：京；普：jīn）：自誇，自大。

17 辯惠好生：即好生辯惠。辯，口才。惠，通「慧」。

18 易：相反，顛倒。

19 一：即道。

20 倚：偏。

21 參：檢驗，多方地驗證。同：符合，一致。

22 督參：監督參驗，即「形名參同」的意思。鞠：窮盡。

23 必同其端：上下一樣的意思。

譯文

天有自然的限數，人的生命也有自己的大限。香美的佳餚，鬆脆的糕點，醇厚的酒漿，誘人的魚肉，甜在口中，害在身體；肌膚細柔牙齒潔白的美女，使人喜悅在心裏卻損耗了精力。因此，飲食色慾都要適當，避免過量，身體才不會受到傷害。作為國君，不要總是顯示自己的權力，而是要經常保持一種虛靜無為的心態。各項事務由各方官員去辦，君主身居中央總攬大權。君主抓住綱要，四方官員便會竭力效勞。君主虛靜以待，群臣就會各盡其能。天下已經安定，群臣各就其位，國君要在虛靜之中觀察各方面動靜。朝中臣僚安排就緒，君主就要廣開言路，虛心聽取。確定了的治國法紀不要隨意變更，要配合賞罰兩項大權同時實行。法紀實施不能中斷，就是按規律辦事。

事物各有自己的特性，人的才能各有不同的用武之地，事務、人才各處其位，因此，君主就能清靜無為。猶如讓雞去報夜間時辰，讓貓捕鼠，各盡其能，國君就無庶務煩擾。國君要是發揮自己的特長，臣下辦事就無方。國君自誇，好顯示才能，臣下無能而又不甘示弱，就會欺詐；善辯，好施小恩小惠，行婦人之仁，臣下就會沿用這種做法。顛倒了君臣職責和權力，國家就難以治理。

君主運用治國法術，應以正名為首。擺正名義才能確定事實，名義不正事物也就走樣。因此，聖主以虛靜的心態運用法術治國。名義要自己正，事實讓自己定。君主不露聲色，臣下自然也就表現出本來樸素的品質。量才任職，讓臣下自行治理；量才授予使命，他們就會自動辦理；用治術督責群臣，使他們都能獨立完成使命。國君根據名義提拔官員，如果名義不夠顯著，就考察他們的實際表現。表現和名義對照檢驗，看是否一致，根據檢驗所產生的結果來實行賞罰。賞與罰這兩種處理辦法一經實施，臣下才會真心效忠。

國君謹慎運用治術，遵循自然規律，不要失去治國要領，才能成為真正的聖人。聖人治國的方法，要摒棄自己的聰明和靈巧；不去掉聰明和靈巧，就難以維護國家正常秩序。臣民們要盡了自己的聰明和乖巧，自己就會遭殃；國君使用了自己的聰明和靈巧，他的國家就會出現危亡。遵循自然規律，再探求人世間形名、賞罰法則，深入探究本源，周而復始。國君以虛靜心態在臣僚後面觀察，從不發表自己的看法，不表現自己的行動。所有君主的通病，都是片面聽取臣下一方面意見。信任臣下但不與他們合伙辦事，全國臣民就會聽命國君。

賞析與點評

「夫物者有所宜……上下無為」，「聖人執一以靜」，此以道家理想，用於法家，所謂「黃老之術」即此，但專制之主，誰甘無為？世襲庸君，又誰能明聖？韓非不能解也。

二

毋弛而弓[1]，一棲兩雄[2]。一棲兩雄，其鬥嚬嚬[3]。豺狼在牢，其羊不繁。一家二貴，事乃無功。夫妻持政，子無適從[4]。

為人君者，數披其木[5]，毋使木枝扶疏；木枝扶疏，將塞公閭[6]，私門將實，公庭將虛，主將壅圍。數披其木，無使木枝外拒[7]；木枝外拒，將逼主處。數披其木，毋使枝大本小；枝大本小，將不勝春風；不勝春風，枝將害心。公子既眾[8]，宗室憂吟[9]。止之之道，數披其木，毋使枝茂。木數披，黨與乃離。掘其根本，木乃不神。填其洶淵[10]，毋使水清。探其懷，奪之威。主上用之，若電若雷。

注釋

1 弛：放鬆。而：通「爾」，你。弓：這裏比喻君主的權柄。

2 棲：鳥窩。

3 噸噸（粵：yan[4]；普：yán）：兩獸爭鬥時叫喚的聲音。

4 子無適從：夫妻共同當家，兒子就不知去順從誰了。

5 數：多次，經常。披：劈，削。木：樹。這裏比喻大臣。

6 公閭（粵：雷；普：lǘ）：公門，指官府。閭，里巷的門。

7 木枝外拒：樹枝向外伸展，比喻大臣的勢力向外擴張。外拒，向外伸出。

8 公子：君主的兒子，除太子外，都稱公子。

9 宗室：君主的家族。這裏指君主嫡長子一系。憂吟：擔憂哀傷。

10 填：填塞。洶：洶湧。淵：深厚，比喻奸黨勢力雄厚。

譯文

君主不能放棄法度，不能出現一國二主。一國有二主，鬥爭不已。豺狼入圈，羊不蕃息；權臣當政，國不繁榮。一家有兩個主管，治家不能成功；夫妻同時當家，子女無所適從。

作為君主，治國要像剪伐樹枝，不斷消除大臣的黨羽，不使滋生繁茂。樹枝茂盛，樹幹受壓制；大臣黨羽泛濫，公門就被堵塞。私門要是徒眾增多，國家就空虛，君主就被蒙蔽。樹木要常修剪，不讓樹枝四下伸展；大臣黨羽要常禁，黨羽蔓延，就要威脅君主的地位。樹枝要常伐，不使枝叉繁茂、樹幹減弱；枝大幹小，經不住春風送暖；春風一吹，枝叉更盛，樹幹更受傷害。君主的公子們一增多，主持宗室的長子就憂愁悲歎。阻墜公子勢力的辦法，就是要像剪伐樹枝一樣，不讓枝叉茂盛，經常剪除，公子的勢力就離散。掘去樹根，樹枝也就不能生長；填塞深水，不使它成為奸邪賴以躲藏的深淵。探測大臣隱秘陰謀，奪取大臣的威權。由君主操縱人權，威力就像雷電。

賞析與點評

「家二貴，事乃無功。夫妻持政，子無適從。」至理明言，西人經典亦有之，問題在誰當為貴，如何審定？

八奸

本篇導讀——

韓非揭示權臣實施八奸伎倆，就是賄賂寵倖之宮妾；收買親信侍從、拉攏近臣廷吏；提供倩女狗馬以亂君主心志；製造虛假頌揚聲以蒙蔽君主；虛構危機、編造流言蜚語來混淆視聽；收羅死黨、培植亡命以威脅君主；勾結強國脅迫、威懾君主就範，此八奸，就是當權君主受蒙蔽挾制以至於失掉權勢的原因。八奸的造成，歸根結底是君主的不察，使權臣有機可乘所致，因而防八奸應當從君主自省自察不授人以柄做起。

本文所選為首段，體現了本篇的思想意旨。

凡人臣之所道成奸者，有八術：

一曰在同牀。何謂同牀？曰：貴夫人，愛孺子[1]，便僻好色[2]，此人主之所惑也。託於燕處之虞[3]，乘醉飽之時，而求其所欲，此必聽之術也。為人臣者內事之以金玉，使惑其主，此之謂「同牀」。

二曰在旁。何謂在旁？曰：優笑侏儒[4]，左右近習[5]，此人主未命而唯唯[6]，未使而諾諾[7]，先意承旨[8]，觀貌察色，以先主心者也[9]。此皆俱進俱退，皆應皆對，一辭同軌以移主心者也[10]。為人臣者內事之以金玉玩好，外為之行不法，使之化其主[11]，此之謂「在旁」。

三曰父兄。何謂父兄？曰：側室公子[12]，人主之所親愛也；大臣廷吏，人主之所與度計也[13]。此皆盡力畢議[14]，人主之所必聽也。為人臣者事公子側室以音聲子女，收大臣廷吏以辭言，處約言事[15]，事成則進爵益祿，以勸其心[16]，使犯其主，此之謂「父兄」。

四曰養殃。何謂養殃？曰：人主樂美宮室臺池，好飾子女狗馬以娛其心，此人主之殃也。為人臣者盡民力以美宮室臺池，重賦斂以飾子女狗馬，以娛其主而亂其心，從其所欲，而樹私利其間，此謂「養殃」。

五曰民萌[17]。何謂民萌？曰：為人臣者散公財以說民人[18]，行小惠以取百姓，使朝廷市井皆勸譽己，以塞其主而成其所欲[19]，此之謂「民萌」。

六曰流行。何謂流行？曰：人主者，固壅其言談[20]，希於聽論議[21]，易移以辯說。為人臣者求諸侯之辯士，養國中之能說者，使之以語其私。為巧文之言，流行之辭，示之以利勢，懼之以患害，施屬虛辭以壞其主[22]，此之謂「流行」。

七曰威強。何謂威強？曰：君人者，以群臣百姓為威強者也。群臣百姓之所善，則君善之；非群臣百姓之所善，則君不善之。為人臣者，聚帶劍之客，養必死之士[23]，以彰其威[24]，明為己者必利，不為己者必死，以恐其群臣百姓而行其私，此之謂「威強」。

八曰四方。何謂四方？曰：君人者，國小則事大國，兵弱則畏強兵。大國之所索[25]，小國必聽；強兵之所加，弱兵必服。為人臣者，重賦斂，盡府庫[26]，虛其國以事大國，而用其威求誘其君；甚者舉兵以聚邊境而制斂於內[27]，薄者數內大使以震其君[28]，使之恐懼，此之謂「四方」。

凡此八者，人臣之所以道成奸，世主所以壅劫，失其所有也，不可不察焉。

注釋

1 孺子：年輕美女，指宮妾。

2 便（粵：駢；普：pián）僻：善於逢迎諂媚。僻，通「辟」。好色：美色。

3 託：依託。燕處：安居。這裏指君主退朝以後的後廷生活。虞：通「娛」，安逸快樂。

4 優笑：以歌舞、詼諧供統治者取樂的人。侏儒：身材矮小的人，古代統治者常把這種人作為取樂的玩物。

5 近習：親信和貼身的侍從。

6 唯唯：應承的聲音，表示馴順。

7 諾諾：應承的聲音，表示馴順。

8 先意承旨：在君主的意思沒有表達出來之前就按他的意圖去辦。

9 先主心：事先摸到君主的心意。

10 一辭同軌：統一口徑和行動。

11 化：改變，影響。

12 側室公子：君主嫡長子以外的兒子，泛指君主的伯叔或兄弟。

13 度計：度量，謀劃。

14 盡力畢議：竭盡全力參與計議政事。

15 約：緊要，關鍵。

16 勸：勉勵，鼓勵。

17 民萌：民眾。萌，通「氓」，民。

18 說：同「悅」，取悅，討好。

19 塞：蒙蔽。

20 固壅：閉塞。

21 希：少，罕有。

22 施屬（粵：燭；普：zhǔ）：編造。屬，連綴。

23 必死之士：亡命之徒。

24 彰：顯揚。

25 索：勒索。

26 府：貯藏錢物的地方。庫：糧庫。

27 制斂：挾制。

28 數：多次，屢次。內：同「納」，引進。震：震動，恐嚇。

譯文

臣下得以實現奸謀，有八種手段：

一是同牀。甚麼叫同牀？即尊貴夫人，受寵宮妾，諂媚便巧，姿色美麗，正是君主所迷戀的。趁着君主在晏居快樂、酒醉飯飽的機會，來央求她們想要得到的東西，這是讓君主一定聽從的手段。做臣子的通過內線用金玉財寶賄賂她們，叫她們迷惑君主，這就叫「同牀」。

二是在旁。甚麼叫在旁？即倡優侏儒，親信侍從。這些人，君主沒下令就應諾，沒支使就應承，事先領會君主的意圖，察顏觀色，來預先摸到君主的心意。這些人都一致行動、一個腔調，統一口徑和行動來改變君主心意。做臣子的通過內線用金玉珍寶賄賂他們，在外幫他們幹不法之事，來影響他們的君主，這就叫「在旁」。

三是父兄。甚麼叫父兄？即叔伯、兄弟，是君主親近愛護的人；成為大臣廷吏的公子們，是君主諮議謀劃的人。這些人都竭盡全力參與議政，是君主必然聽取的。臣子們用音樂倩女來侍奉君主的叔伯、兄弟，又用花言巧語來籠絡大臣廷吏，處在關鍵時刻進言，事成之後就進爵加祿，這樣來慫恿他們，使他們干擾君主，這就叫「父兄」。

四是養殃。甚麼叫養殃？即君主喜歡修飾宮室臺池，喜歡打扮倩女狗馬來讓自己賞心悅目，這是君主的災殃。做臣子的用盡民力來修飾宮室臺池，加重賦斂來打扮倩女狗馬，這樣來娛樂君主而擾亂他的心事，順從他的慾望，而在其中牟取私利，這就叫「養殃」。

五是民萌。甚麼叫民萌？即做臣子的散發公家財物來取悅民眾，行小恩小惠來贏得百姓，讓朝廷民間都鼓動起來稱頌自己，這樣來蒙蔽君主而達到他的慾望，這就叫「民萌」。

六是流行。甚麼叫流行？即作為君主，見聞閉塞，與人交談，很少聽到臣下議論，容易被花言巧語打動。做臣子的尋求國外善辯的人，供養國內能言的人，讓他們來為自己的私利進言。用華美的言語，流利的辭句，講述有利的形勢來誘導他，虛構禍害來恐嚇他，編造謠言來損害君主，這就叫「流行」。

七是威強。甚麼叫威強？即君主的統治靠群臣百姓來形成強大威勢。群臣百姓喜歡的，君主就喜歡；不是群臣百姓喜歡的，君主就不喜歡。做臣子的收羅帶劍的俠客，供養亡命之徒，用來耀武揚威，倡言順從他的一定得利，不順從他的一定要死，這樣來恐嚇群臣百姓從而實現個人意圖，這就叫「威強」。

八是四方。甚麼叫四方？即做國君的，國小就侍奉大國，兵弱就害怕強兵。大國勒索的，小國一定聽從；強兵壓境的，弱兵一定服從。做臣子的，加重賦斂，耗盡錢糧，削弱自己國家去侍奉大國，求助大國威勢來誘迫自己的君主；嚴重的，招引大國軍隊壓境來挾制國內，輕些的，屢屢引進大國使者來震懾君主，使他害怕，這就叫「四方」。

所有這八種手段，是臣子實現奸謀的途徑，是當代君主受到蒙蔽挾制，以致失掉權勢的原因，是不可不明察的。

賞析與點評

世襲專制君主，亦是常人（甚至庸劣之人），八劫誰能免之？君防八奸，君主本身即是巨奸！明清之間，黃宗羲《明夷待訪錄．原君》最發此義，而清末革命志士始得大張其理。

十過

本篇導讀——

「十過」是十種過錯之意。作者指出君主、大臣犯有十種過錯，足以造成危身、亡身、殺身、削國、亡國之禍，並通過十個歷史故事來具體説明「十過」的危害，以告誡君主以此為鑒，避免重蹈歷史的覆轍。

本文所選「女樂亡國」，就是十過之一。文中講述了一個迷戀女樂，荒廢朝政而導致亡國的歷史故事。秦穆公為削弱西戎國，便送去女歌舞樂隊，以迷惑國君，擾亂國政。國君得到女樂隊，沉湎聲色，不事國政，致使牲畜死亡過半。賢臣由余勸諫不聽，終因國勢衰弱，被秦國攻佔。一個國家的國力遭到嚴重破壞，也就喪失了立國之本，滅亡之勢無法挽救。

由余出，公乃召內史廖而告之[1]，曰：「寡人聞鄰國有聖人，敵國之憂也。今由余，聖人也，寡人患之，吾將奈何？」內史廖曰：「臣聞戎王之居，僻陋而道遠[2]，未聞中國之聲[3]。君其遺之女樂[4]，以亂其政，而後為由余請期[5]，以疏其諫。彼君臣有間而後可圖也[6]。」君曰：「諾。」乃使內史廖以女樂二八遺戎王，因為由余請期。戎王許諾，見其女樂而說之，設酒張飲[7]，日以聽樂，終歲不遷，牛馬半死。由余歸，因諫戎王，戎王弗聽，由余遂去之秦，秦穆公迎而拜之上卿[8]，問其兵勢與其地形。既以得之[9]，舉兵而伐之，兼國十二，開地千里。故曰：耽於女樂，不顧國政，則亡國之禍也。

注釋

1 公：指秦穆公。內史：協助天子管理爵、祿等政務的官吏。廖：人名。

2 僻陋：荒僻簡陋。

3 中國：中原地區的諸侯國。

4 遺（粵：謂；普：wèi）：贈給。

5 請期：指請求延長回國的時間。

6 間：空隙，隔閡。圖：算計，謀取。

7 張飲：搭起帳篷宴飲。

8 上卿：地位最高的卿。

9 以：已。

譯文

由余退出後，秦穆公便把內史廖召來，詢問他說：「我聽說鄰國有聖人，是敵國的憂患。現在由余就是聖人，我非常焦慮，應該怎麼辦？」內史廖回答說：「我聽說戎王佔據的地方，窮僻荒遠，沒有聽過中原的音樂。您應向戎王贈送女歌舞樂隊，用來迷惑戎王，擾亂國政，然後替由余請求延緩回國的時間，阻隔由余的勸諫。他們君臣之間有了隔膜，以後就可以策劃奪取戎地。」秦穆公說：「很好！」便派內史廖帶十六人組成的女樂隊贈送戎王，順便替由余請求遲歸。戎王滿口答應，見到女樂隊十分高興，搭幕帳，設酒宴，天天聽樂觀舞，一年到頭不往水草茂盛的地方遷移，牛馬牲畜死亡過半。由余回國，就去勸諫戎王，戎王不聽，由余便前往秦國。秦穆公親自迎接並拜為上卿，詢問戎國軍事力量和地形地勢。秦穆公掌握了情況之後，便出兵攻打戎地，兼併十二國，開拓領土千餘里。所以說：耽溺女樂，不顧國家政事，就會招來亡國之禍。

賞析與點評

韓非亦望其理想之明君為不好色之超人，此說之終窮也。

孤憤

本篇導讀——

「孤憤」是韓非孤獨的憤慨，當時在韓國，存在兩種政治力量的尖銳對立，維護君權追求法治的「智法之士」，與結黨營私盜竊國柄的「當塗之人」勢不兩立。「當塗之人」專權蔽主，利用各種條件內外勾結，網羅黨羽，採取公開殺戮和秘密處死的手段迫害法術之士，使他們無法得到君主的了解和信任，因而造成「主上卑而大臣重，故主失勢而臣得國」的嚴重局面。韓非滿懷悲憤心情，真實地描繪了法術之士向守舊勢力抗爭的艱難情景，強烈提出「燭私」、「矯奸」的要求。

智術之士[1]，必遠見而明察，不明察，不能燭私[2]；能法之士，必強毅而勁直，不勁直，不能矯奸[3]。人臣循令而從事，案法而治官[4]，非謂重人也[5]。重人也者，無令而擅為，虧法以利私，耗國以便家，力能得其君，此所為重人也。智術之士明察，聽用，且燭重人之陰情；能法之士勁直，聽用，且矯重人之奸行。故智術能法之士用，則貴重之臣必在繩之外矣。是智法之士與當塗之人[6]，不可兩存之仇也。

注釋

1 智：同「知」，通曉。
2 燭私：照見隱私。
3 矯：懲辦。
4 案：通「按」，按照。
5 重人：即重臣，握有重權的人。
6 當塗之人：指掌握重權的人。塗，同「途」，道路。

譯文

通曉治國之術的人，必定是遠見卓識並明察的人，不明察，就不能洞察隱密私情；能推行法治的人，必須堅決果斷，剛強正直，不剛強正直，就不能糾察懲辦奸邪之人。臣子遵循法令辦理公事，按照法律履行職責，不是「重臣」。所謂「重臣」，就是無視法令而獨斷專行，破壞法律為私家牟利，損害國家而便利私家，勢力能夠控制君主，這才叫做「重臣」。懂治國之術的人明察，如被重用，將會揭露重臣的陰謀詭計；能推行法治的人剛強正直，如被重用，將會懲辦重臣的邪惡行為。因此，懂治國之術和能夠推行法治的人被任用，那麼位尊權重之臣必定為法律準繩所不容。如此說來，懂得法治的人與當權重臣，是勢不兩立的仇敵。

賞析與點評

人治社會此患必不能免，韓非亦徒然孤憤而已！

當塗之人擅事要，則外內為之用矣。是以諸侯不因，則事不應，故敵國為之訟；百官不因，則業不進，故群臣為之用；郎中不因[1]，則不得近主，故左右為之匿；學士不因，則養祿薄禮卑，故學士為之談也。此四助者[2]，邪臣之所以自飾也。重人不能忠主而進其仇，人主不能越四助而燭察其臣，故人主愈弊而大臣愈重[3]。

注釋

1 郎中：君主的侍從官員，掌通報警衛之職。

2 四助：指為當塗之人效勞的四種幫兇，即諸侯、群臣、郎中、學士。

3 弊：通「蔽」。

譯文

當權重臣獨攬大權，那麼外交和內政就被他們控制了。正因為如此，諸侯各國不依靠他，事情就得不到照應，所以實力相當的國家會為他唱頌歌；各級官吏不依靠他，政績便不得上報，所以各級官吏會為他效力；君主的侍從官員不依靠他，就不能接近君主，所以他們為他隱瞞罪行；學士不依靠他，就會俸祿薄而待遇低，所以學士為他說好話。這四種幫兇是奸邪之臣用來掩飾自己的遮障。重臣不能忠於君主而推薦自己的政敵，君主不能越過四種幫兇來洞察他的臣下，所以君主越來越受蒙蔽，而重臣的權勢越來越大。

凡當塗者之於人主也，希不信愛也，又且習故。若夫即主心，同乎好惡，固其所自進也。官爵貴重，朋黨又眾，而一國為之訟。則法術之士欲干上者[1]，非有所信愛之親、習故之澤也，又將以法術之言矯人主阿辟之心[2]，是與人主相反也。處勢卑賤，無黨孤特。夫以疏遠與近愛信爭，其數不勝也；以新旅與習故爭，其數不勝也；以反主意與同好惡爭，其數不勝也；以輕賤與貴重爭，其數不勝也；以一口與一國爭，其數不勝也。法術之士操五不勝之勢，以歲數而又不得見；當塗之人乘五勝之資，而旦暮獨說於前。故法術之士奚道得進[3]，而人主奚時得悟乎？故資必不勝而勢不兩存，法術之士焉得不危？其可以罪過誣者，以公法而誅之；其不可被以罪過者，以私劍而窮之。是明法術而逆主上者，不僇於吏誅[4]，必死於私劍矣。朋黨比周以弊主[5]，言曲以便私者，必信於重人矣。故其可以功伐借者[6]，以官爵貴之；其不可借以美名者，以外權重之。是以弊主上而趨於私門者，不顯於官爵，必重於外權矣。今人主不合參驗而行誅[7]，不待見功而爵祿，故法術之士安能蒙死亡而進其說？奸邪之臣安肯乘利而退其身？故主上愈卑，私門益尊。

注釋

1 干：求。
2 阿辟：邪僻，邪惡。辟，邪僻。
3 奚道：何由，從哪裏。奚，甚麼。
4 僇：通「戮」，殺。
5 比周：緊密勾結。
6 功伐：功勞。
7 參驗：用事實加以檢驗。

譯文

所有的當權重臣對於君主來說，很少不被信任和寵愛的，而且彼此又親昵和熟悉。至於迎合君主的心理，投合君主的好惡，本來就是重臣得以晉升的途徑。他們官職大，爵位高，黨羽眾，全國都為之讚頌。而法術之士想要求得君主重用，既沒有受到信任和寵愛的親近關係，也沒有親昵和熟悉的交情，還要用法術之言正君主的偏頗之心，這與君主完全相悖。法術之士所處地位低下，沒有同黨輔助而孤立無援。以關係疏遠的和關係親近、受到寵信的相抗衡，就常理而言，無法取勝；以新客與故舊相爭，就常理而言，無法取勝；以違背君主心意和投合君主好惡相爭，就常理而言，無法取勝；以地位低賤和位尊權重相對抗，就常理而言，無法取勝；以一個人和一國人相較量，就常理而言，無法取勝。法術之士處在「五不勝」的情形下，按年計算期限也沒有覲見君主的機會；當權重臣憑藉「五勝」條件，每日早晚都能單獨向君主進言。因此，法術之士由甚麼門路得到任用呢？而君主又到甚麼時候才能醒悟呢？因此，憑藉必定不能取勝的條件，又與重臣勢不兩立，法術之士怎麼會不危險？重臣對那些可用罪狀誣陷的，就用國家法律來誅殺；對那些不能強加罪名的，就讓刺客來暗殺。這樣一來，精通法術而違逆君主的人，不為官吏誅殺，必定死在刺客劍下。而結黨拉派蒙蔽君主，花言巧語牟取私利的人，必定會受到重臣的信任。因此，對那些可用功勞為藉口的人，就封官賜爵讓他們顯貴；對那些不能用好名聲做藉口的人，必定在外交職權上重用他們。因此，蒙蔽君主而投奔私人門下的，不在官爵級別上顯赫，必定在外交職務上受重用。如今君主不驗證核實就實行誅戮，不待建立功勞就授於爵祿，因此法術之士怎麼能冒死去陳述自己的主張呢？奸邪之臣又怎肯面臨有利可圖的時機而自動引退呢？所以，君主地位就越來越低，重臣權勢就越來越大。

夫越雖國富兵強[1]，中國之主皆知無益於己也，曰：「非吾所得制也。」今有國者雖地廣人眾，然而人主壅蔽[2]，大臣專權，是國為越也。智不類越，而不智不類其國，不察其類者也。人之所以謂齊亡者[3]，非地與城亡也，呂氏弗制而田氏用之；所以謂晉亡者[4]，亦非地與城亡也，姬氏不制而六卿專之也[5]。今大臣執柄獨斷，而上弗知收，是人主不明也。與死人同病者，不可生也；與亡國同事者，不可存也。今襲跡於齊、晉，欲國安存，不可得也。

注釋

1 越：諸侯國名，範圍包括今浙江大部和江蘇、江西部分地區，春秋末滅吳，稱霸一時。

2 壅：閉塞。

3 齊：諸侯國名，範圍包括今山東北部、東部和河北東南部，周初呂尚的封國，後為呂氏世襲。

4 晉：諸侯國名，範圍包括今山西大部和河南、河北、陝西等部分地區。

5 六卿：指晉國的六家掌權貴族，即范氏、中行氏、知氏、趙氏、魏氏、韓氏。

譯文

越國雖然國富兵強，中原各國的君主都知道對自己沒有甚麼好處，都説：「不是我們所能控制的。」現在國家雖然地廣人眾，然而君主閉塞，大臣專權，這樣一來，國家也就變得和越國一樣。知道自己的國家與越國不同，卻不知道現在連自己的國家也變了樣，這是不明察事物有類似之處。人們之所以説齊國亡了，並不是指土地和城市喪失了，而是指呂氏不能控制它而為田氏所佔有；之所以説晉國亡了，也不是指土地和城市喪失了，而是指姬氏不能控制它而為六卿所把持。現在大臣掌權獨斷專行，而君主不知收回，這是君主不明智。和死人症狀相同，無法救藥；和亡國行事相類似，無法久存。現在因襲着齊、晉的老路，想要國家安然存在，是不可能的。

凡法術之難行也，不獨萬乘，千乘亦然。人主之左右不必智也，人主於人有所智而聽之，因與左右論其言，是與愚人論智也；人主之左右不必賢也，人主於人有所賢而禮之，因與左右論其行，是與不肖論賢也。智者決策於愚人，賢士程行於不肖，則賢智之士羞而人主之論悖矣。人臣之欲得官者，其修士且以精潔固身，其智士且以治辯進業[1]。其修士不能以貨賂事人，恃其精潔而更不能以枉法為治，則修智之士不事左右、不聽請謁矣[2]。人主之左右，行非伯夷也[3]，求索不得，貨賂不至，則精辯之功息，而毀誣之言起矣。治辯之功制於近習，精潔之行決於毀譽，則修智之吏廢，則人主之明塞矣。不以功伐決智行，不以參伍審罪過[4]，而聽左右近習之言，則無能之士在廷，而愚污之吏處官矣。

注釋

1 治辯：辦事，才幹。

2 謁：請託。

3 伯夷：商末孤竹國君主之長子，為讓君位給他弟弟叔齊而逃到周國。周武王伐紂，他「扣馬而諫」，表示反對。後逃到首陽山，不食周粟而死。後人尊他為清高廉潔的典範。

4 參伍：指參伍之驗，用事實多方面地加以驗證。

譯文

凡是法術難以推行的，不單是大國，小國也是這樣。君主的近臣不一定有才智，君主認為某人有才智而聽取他的意見，然後和近臣討論該人的言論，這是和愚蠢的人討論才智；君主的近臣未必品德好，君主認為某人有美德而禮遇他，然後和近臣討論他的品行，這是和品德不好的人討論有美德的人。智者的決策由愚者來評判，賢者的行為由品德不屑者來討論，那麼品德好、有才智的人就會感到恥辱，而君主的論斷也必然荒謬了。想謀得官職的臣子當中，那些品德好的人將用精純廉潔來約束自己，那些才智高的人將用辦好政事來推進事業。那些品德好的人不可能用財物賄賂來供奉他人，憑藉精純廉潔更不可能違法辦事，那麼品德好、才智高的人也就不會奉承君主近侍，不會理睬和人請託。君主的近臣，品行不像伯夷那麼高尚，索要的東西得不到，財物賄賂不上門，那麼精明強幹者的功業就要被壓制，而誹謗誣陷的話也就出籠了。興辦政事的功業被君主的近侍所牽制，精純廉潔的品行取決於近侍的毀譽，那麼品德好、才智高的官吏就要被廢黜，君主的明察也就被阻塞了。不按功勞裁決人的才智和品德，不通過事實的多方驗證審判處置人的罪行和過錯，卻聽從左右親信的話，那麼沒有才能的人就會在朝廷中當政，愚蠢腐敗的官吏就會竊居官職。

萬乘之患，大臣太重；千乘之患，左右太信：此人主之所公患也。且人臣有大罪，人主有大失，臣主之利相與異者也。何以明之哉？曰：主利在有能而任官，臣利在無能而得事；主利在有勞而爵祿，臣利在無功而富貴；主利在豪傑使能，臣利在朋黨用私。是以國地削而私家富，主上卑而大臣重。故主失勢而臣得國，主更稱蕃臣，而相室剖符[1]。此人臣之所以譎主便私也。故當世之重臣，主變勢而得固寵者，十無二三。是其故何也？人臣之罪大也。臣有大罪者，其行欺主也，其罪當死亡也。智士者遠見而畏於死亡，必不從重人矣；賢士者修廉而羞與奸臣欺其主，必不從重臣矣。是當塗者之徒屬，非愚而不知患者，必污而不避奸者也。大臣挾愚污之人，上與之欺主，下與之收利侵漁，朋黨比周，相與一口，惑主敗法，以亂士民，使國家危削，主上勞辱，此大罪也。臣有大罪而主弗禁，此大失也。使其主有大失於上，臣有大罪於下，索國之不亡者，不可得也。

注釋

1 剖符：符，古代一種用金、銅、竹、木做成的信符，上面刻有文字，用做封爵或調兵遣將的憑證。使用符時剖分為二，一半交官吏、將軍，一半留在朝廷，遇事各出其半，以辨其偽。

譯文

大國的禍害在於大臣權勢太重，中小國家的禍害在於近臣太受崇信：這是君主的通病。再說臣下犯了大罪惡，君主有了大過失，臣下和君主的利益是互相不同的。這怎樣證明呢？許多事實都證明：君主的利益在於具有才能而任以官職，臣下的利益在於沒有才能而得到重用；君主的利益在於具有功勞而授以爵祿，臣下的利益在於沒有功勞而得到富貴；君主的利益在於豪傑效力，臣下的利益在於結黨營私。因此國土減少而私家更富，君主地位卑下而大臣權勢更重。所以君主失去權勢而大臣控制國家，君主改稱藩臣，權相行使君權。這就是大臣欺騙君主謀取私利的情形。所以當代重臣，在君主改變政治情勢而仍能保持寵信的，十個中還不到兩三個。這是甚麼原因呢？是這些臣下的罪行太大了。臣下有大罪的，他的行為是欺騙君主的，他的罪行是當處以死刑的。聰明人看得深遠，怕犯死罪，必定不會跟從重臣；品德好的人潔身自愛，恥於和奸臣共同欺騙君主，必定不會追隨重臣。這些當權重臣的門徒黨羽們，不是愚蠢而不知禍害的人，必是腐敗而不避奸邪的人。大臣挾持愚蠢腐敗的人，對上和他們一起欺騙君主，對下和他們一起掠奪財物，拉幫結伙，串通一氣，惑亂君主敗壞法制，以此擾亂百姓，使國家削弱危殆，君主憂勞受辱，這是大罪。臣下有了大罪而君主不加禁止，這是大過失。假如君主在上面有大過失，臣子們在下面有大罪，想要國家不滅亡，是不可能的。

賞析與點評

此理韓子甚明，說之亦精，其後入秦見英明之君矣，所遇李斯亦同學法術之士矣，然下場如此，亦可哀可歎之至！

説難

本篇導讀——

「説難」，指向君主進説的困難。戰國後期，各國政治鬥爭、軍事交戰都十分激烈、十分複雜，各種社會力量也十分活躍，各派別都想得到君主支持，以推行自己的政治主張，他們以大臣身份或説客面目向君主進言，往往困難重重，有時會遇到危險，《説難》分析了這種危險，並指出取得成功的辦法。

所選文段一指出，進説者的成功，在於根據不同情況，迎合君主的心理和要求，逐步獲得君主的信任。為了保護自己，減少不必要的犧牲，在一些細微末節上可以委曲求全，甚至可以講一些違心的話，以求在君主面前留下好印象，待站穩腳跟之後，確認已經取得信任，便可以據理力爭一些原則問題，指明是非端正君主的決策、推心置腹不再會獲罪，「以此相持，此説之成也」。即便是以宰虜身份進言，也可以「聽用而振世」，也不會感到恥辱了。

文段二講進說雖然困難，又不得不說，即使遭遇重大危險，進說者也應犯難排險，巧妙周旋。為此，韓非為他們寫下了掌握進說的技巧，讓他們鑒於前車之覆，以免重蹈其轍。向君主們講述進說之難，為的是讓君主們明察進說者的善惡與良苦用心；向進說者陳言進說之難，意在讓他們避害。總的目的只有一個，就是推行法家的治國之道。但是，韓非在這裏所講的看君主臉色、好惡而進言，投君主之所好，難以與權奸的陰謀詭計相區別。法家也承認，為了取得事業成功，不惜鼓吹用詭詐之術。此即玩弄權術之謂也。由此可知，用術有着先天的弊端，以致流毒千古。

韓非在文段三中講述了三個人物的遭遇：鄭武公殺了講實話的大臣關其思；宋國富人懷疑鄰人盜竊他家的財物；彌子瑕先是受寵，後是失寵，君主對他做的同一件事情，前後有截然不同的態度。所有這些，不是因進說者了解情況有困難，而是處理了解的情況有困難。因此，韓非告誡進說者，不可不對君主察言觀色，把握其愛憎、洞察其內心深處的心理狀態，然後再進說。君臣利害各異，必然造成君主的多疑，喜怒不形於色，變化無常，有時表現寬容，有時表現為殘暴，其心理活動讓人難以猜度、無從窺測，這是進說之士往往遇到危害的主要原因。因此，韓非在文章的末尾告誡說：「人主亦有逆鱗，說者能無嬰人主逆鱗，則幾矣。」

一

凡說之難[1]：非吾知之有以說之之難也[2]，又非吾敢橫失而能盡之難也[3]。凡說之難：在知所說之心，可以吾說當之[4]。所說出於為名高者也，而說之以厚利，則見下節而遇卑賤[5]，必棄遠矣。所說出於厚利者也，而說之以名高，則見無心而遠事情，必不收矣。所說陰為厚利而顯為名高者也[6]，而說之以名高，則陽收其身而實疏之[7]；說之以厚利，則陰用其言顯棄其身矣。此不可不察也。

夫事以密成，語以洩敗。未必其身洩之也，而語及所匿之事，如此者身危。彼顯有所出事，而乃以成他故，說者不徒知所出而已矣，又知其所以為，如此者身危。規異事而當，知者揣之外而得之[8]，事洩於外，必以為己也，如此者身危。周澤未渥也[9]，而語極知，說行而有功，則德忘；說不行而有敗，則見疑，如此者身危。貴人有過端，而說者明言禮義以挑其惡，如此者身危。貴人或得計而欲自以為功[10]，說者與知焉[11]，如此者身危。強以其所不能為[12]，止以其所不能已，如此者身危。故與之論大人[13]，則以為間己矣[14]；與之論細人[15]，則以為賣重[16]。論其所愛，則以為借資[17]；論其所憎，則以為嘗己也。徑省其說[18]，則以為不智而拙之；米鹽博辯，則以為多而久之。略事陳意，則曰怯懦而不盡；慮事廣肆，則曰草野而倨侮[19]。此說之難，不可不知也。

注釋

1 說：進勸。

2 知：同「智」。說之：指進勸君主。

3 橫失：縱橫如意，無所顧忌。失，通「佚」。

4 以：用，拿。當：適應。

5 見：被看作。下節：節操低下。遇：對待，待遇。

6 陰：暗地裏。顯：公開，對外。

7 陽：表面上。身：本身，指進說者。

8 知：同「智」。揣：猜測。

9 周：親密。渥（粵：握；普：wò）：濃郁。

10 或：有時。得計：計謀得當。

11 與：同。

12 強：勉強。

13 大人：指大臣。

14 間：離間。

15 細人：小人，指近侍。

16 賣重：賣弄權勢。這裏指炫耀自己的身價。

17 借：依靠。資：憑藉。

18 徑：直接。

19 草野：粗野。倨（粵：據；普：jù）侮：傲慢。

譯文

大凡進說的困難：不是難在我的才智不能夠用來向君主進說，也不是難在我的口才不能夠闡明我的意見，也不是難在我不敢毫無顧忌地把看法全部表達出來。大凡進說的困難：在於了解進說對象的心理，以便用我的說法適應他。進說對象想要追求美名的，卻用厚利去說服他，就會顯得節操低下而得到卑賤待遇，必然受到拋棄和疏遠。進說對象想要追求厚利的，卻用美名去說服他，就會顯得沒有心計而又脫離實際，必定不會被接受和錄用。進說對象暗地追求厚利而表面追求美名的，用美名向他進說，他就會表面上錄用而實際上疏遠進說者；用厚利向他進說，他就會暗地採納進說者的主張而表面疏遠進說者。這是不能不明察的。

事情因保密而成功，因談話洩密而失敗。未必進説者本人洩露了機密，而是談話中觸及君主心中隱匿的事，如此就會身遭危險。君主表面上做這件事，心裏卻想藉此辦成別的事，進説者不但知道君主所做的事，而且知道他要這樣做的意圖，如此就會身遭危險。進説者籌劃一件不平常的事情並且符合君主心意，聰明人從外部跡象上把這事猜測出來了，事情洩露出來，君主一定認為是進説者洩露的，如此就會身遭危險。君主恩澤未濃厚，進説者談論卻盡其所知，如果主張得以實行並獲得成功，功德就會被君主忘記；主張行不通而遭到失敗，就會被君主懷疑，如此就會身遭危險。君主有過錯，進説者倡言禮義來挑他的毛病，如此就會身遭危險。君主有時計謀得當而想自以為功，進説者同樣知道此計，如此就會身遭危險。勉強君主去做他不能做的事，強迫君主停止他不願意停止的事，如此就會身遭危險。所以進説者如果和君主議論大臣，就被認為是想離間君臣關係；和君主談論近侍小臣，就被認為是想賣弄身價。談論君主喜愛的人，就被認為是拉關係；談論君主憎惡的人，就被認為是搞試探。説話直截了當，就被認為是不聰明而笨拙；談話周到詳盡，就被認為是囉嗦而冗長。簡略陳述意見，就被認為是怯懦而不敢盡言；謀事盡情發揮，就被認為是粗野而不懂禮貌。這些進説的困難，是不能不知道的。

賞析與點評

「凡説之難：在知所説之心，可以吾説當之。」此全篇主旨，亦言之雖審，行之維艱也。

二

凡說之務[1]，在知飾所說之所矜而滅其所恥[2]。彼有私急也，必以公義示而強之[3]。其意有下也[4]，然而不能已，說者因為之飾其美而少其不為也。其心有高也，而實不能及，說者為之舉其過而見其惡，而多其不行也[5]。有欲矜以智能，則為之舉異事之同類者，多為之地[6]，使之資說於我，而佯不知也以資其智。欲內相存之言[7]，則必以美名明之，而微見其合於私利也。欲陳危害之事，則顯其毀誹而微見其合於私患也。譽異人與同行者，規異事與同計者。有與同污者，則必以大飾其無傷也；有與同敗者，則必以明飾其無失也。彼自多其力，則毋以其難概之也[8]；自勇其斷，則無以其謫怒之[9]；自智其計，則毋以其敗窮之。大意無所拂悟[10]，辭言無所繫縻[11]，然後極騁智辯焉。此道所得，親近不疑而得盡辭也。

伊尹為宰[12]，百里奚為虜[13]，皆所以干其上也[14]。此二人者，皆聖人也；然猶不能無役身以進，如此其污也！今以吾言為宰虜，而可以聽用而振世，此非能仕之所恥也。夫曠日彌久，而周澤既渥，深計而不疑，引爭而不罪，則明割利害以致其功[15]，直指是非以飾其身[16]，以此相持，此說之成也。

注釋

1 說：進勸。

2 飾：修飾，美化。矜：自誇。滅：掩蓋。

3 強：鼓勵。

4 下：卑下。

5 多：讚美。

6 地：指依據、條件。

7 內：同「納」，進獻。相存：相安。

8 概：古代量米麥時刮平斗斛的刮板，引申為壓平、壓抑。

9 謫：過失。

10 拂悟：違逆。拂，違背。悟，通「忤」。

11 繫縻（粵：眉；普：mí）：抵觸，摩擦。

12 伊尹：名摯，商湯的相。宰：廚師。伊尹希望得到任用，曾設法當上湯的廚師。後來湯發現他有才能，就任用他為相。

13 百里奚：春秋時虞國大夫，後任秦國相。虜：奴隸。晉滅虞時，百里奚成了奴隸。後來晉獻公嫁女到秦國，叫他做陪嫁小臣。途中，逃往楚國。秦穆公聽說他有才能，就用五張羊皮把他贖走，任命他做上大夫。

14 干：求得君主的重用。

15 割：剖析。

16 飾：通「飭」，修治，端正。

譯文

大凡進説的要領，在於懂得粉飾進説對象自誇之事而掩蓋他所自恥之事。君主有私人的急事，進説者一定要指明這合乎公義而鼓勵他去做。君主有卑下的念頭，但是不能克制，進説者就應把它巧飾成美好的而抱怨他不去幹。君主有過高的期求，而實際不能達到，進説者就為他舉出此事的缺點並揭示它的壞處，而稱讚他不去做。君主想自誇智能，進説者就替他舉出別的事情中的同類情況，多給他提供根據，使他從進説中借用辦法，卻假裝不知道，這樣來增強他的能力。進説者想向君主進獻與人相安的話，就必須用好的名義闡明它，並暗示它合乎君主私利。進說者想要陳述有危害的事，就明言此事會遭到的譭謗，並暗示它對君主也有害處。進說者稱讚另一個與君主行為相同的人，規劃另一件與君主考慮相同的事。有和君主污點行為相同的，就必須對它大加粉飾，說它沒有害處；有和君主敗跡相同的，就必須對它明加掩飾，說他沒有過失。君主自信力量強大時，就不要用他為難的事去壓抑他；君主自以為決斷勇敢時，就不要用他的過失去激怒他；君主自以為計謀高明時，就不要用他的敗績去困窘他。進說的主旨沒有甚麼違逆，言辭沒有甚麼抵觸，然後就可以充分施展自己的智慧和辯才了。由這條途徑得到的，是君主親近不疑而又能暢所欲言。

伊尹做過廚師，百里奚做過奴隸，都是為了求得君主重用。這兩個人都是聖人，但還是不能不通過做低賤的事來求得進用，他們的自卑自污一至於此！假如把我的話看成像廚師和奴隸所講的一樣，而可以採納來救世，這就不是智能之士感到恥辱的了。經過很長的時間，君主的恩澤已深厚，進說者深入謀劃不再被懷疑，據理力爭不再會獲罪，就可以明確剖析利害來成就君主的功業，直接指明是非來端正君主的言行，能這樣相互對待，這就是進說成功了。

賞析與點評

韓非入秦而不避李斯，並攻姚賈，卒為二人所害，何也？

三

昔者鄭武公欲伐胡[1]，故先以其女妻胡君，以娛其意。因問於群臣：「吾欲用兵，誰可伐者？」大夫關其思對曰：「胡可伐。」武公怒而戮之，曰：「胡，兄弟之國也。子言伐之，何也？」胡君聞之，以鄭為親己，遂不備鄭。鄭人襲胡，取之。

宋有富人[2]，天雨牆壞。其子曰：「不築，必將有盜。」其鄰人之父亦云。暮而果大亡其財。其家甚智其子[3]，而疑鄰人之父。此二人說者皆當矣，厚者為戮，薄者見疑，則非知之難也，處知則難也。故繞朝之言當矣[4]，其為聖人於晉，而為戮於秦也，此不可不察。

昔者彌子瑕有寵於衞君[5]。衞國之法[6]：竊駕君車者罪刖[7]。彌子瑕母病，人間往夜告彌子[8]，彌子矯駕君車以出[9]。君聞而賢之，曰：「孝哉！為母之故，忘其刖罪。」異日，與君遊於果園，食桃而甘，不盡，以其半啖君[10]，君曰：「愛我哉！忘其口味，以啖寡人。」及彌子色衰愛弛，得罪於君，君曰：「是固嘗矯駕吾車，又嘗啖我以餘桃。」故彌子之行未變於初也，而以前之所以見賢而後獲罪者，愛憎之變也。故有愛於主，則智當而加親，有憎於主，則智不當見罪而加疏。故諫說談論之士，不可不察愛憎之主而後說焉。

夫龍之為蟲也，柔可狎而騎也[11]；然其喉下有逆鱗徑尺[12]，若人有嬰之者[13]，則必殺人。人主亦有逆鱗，說者能無嬰人主之逆鱗，則幾矣[14]。

注釋

1 鄭武公：名掘突，春秋初期鄭國君主。胡：諸侯國名。歸姓。位於今安徽阜陽。

2 宋：諸侯國名。子姓。位於今山東、河南、安徽、江蘇之間地區。

3 甚智其子：認為他兒子很聰明。智，形容詞用作動詞。

4 繞朝之言：指晉大夫士會逃到秦國後，晉國用計謀誘騙他回國，繞朝識破這種計謀，勸秦康公不要讓士會回去，秦康公不聽。見《左傳》文公十三年。繞朝，人名，春秋時秦國的大夫。

5 彌子瑕：人名，衞靈公寵倖的臣子。衞君：指衞靈公，名元，春秋時衞國君主。

6 衛國：諸侯國名。姬姓。位於今河南東北部、河北、山東部分地區。

7 刖（粵：月；普：yuè）：砍掉腳的刑罰。

8 間往：抄近路去。

9 矯：假託（君命）。

10 啖（粵：氮；普：dàn）：吃，給人吃。

11 狎（粵：匣；普：xiá）：戲弄。

12 逆鱗：倒長的鱗片。徑尺：直徑長一尺。

13 嬰：通「攖」，觸動。

14 幾：差不多。

譯文

從前鄭武公想討伐胡國，故意先把自己的女兒嫁給胡國君主來使他放鬆戒備。然後問群臣：「我想用兵，哪個國家可以討伐？」大夫關其思回答說：「胡國可以討伐。」武公發怒而殺了他，說：「胡國是兄弟國家，你說討伐它，是何道理？」胡國君主聽說了，認為鄭國和自己友好，於是不再防備鄭國。鄭國偷襲並攻佔了胡國。

宋國有個富人，下雨把牆淋塌了，他兒子說：「不修的話，必將有盜賊來偷。」鄰居的老人也這麼說。到了晚上，果然有大量財物被竊。這家富人認為兒子聰明，卻對鄰居老人起了疑心。關其思和這位老人的話都恰當，而重的被殺，輕的被懷疑；那麼，不是了解情況有困難，而是處理所了解的情況很困難。因此，繞朝的話本是對的，但他在晉國被看成聖人，在秦國卻遭殺害，這是不可不注意的。

從前彌子瑕曾受到衞國國君的寵信。衞國法令規定，私自駕馭國君的車子，論罪要處以刖刑。彌子瑕母親病了，有人抄近路連夜通知彌子瑕，彌子瑕假託君命駕馭君車而出。衞君聽說後，卻認為他德行好，說：「真孝順啊！為了母親的緣故，忘了自己會受刖刑懲罰。」另一天，他和衞君在果園遊覽，吃桃子覺得甜，沒有吃完，就把剩下的半個給衞君吃。衞君說：「多麼可愛啊！不顧自己口福來給我吃。」等到彌子瑕寵衰愛弛時，得罪了衞君，衞君說：「這人以前就曾假託君命私自駕馭我的車子，又曾經把吃剩的桃子給我吃。」所以，雖然彌子瑕的行為和當初並沒有兩樣，但先前稱賢、後來獲罪的原因，是衞君的愛憎有了變化。所以被君主寵愛時，才智就顯得恰當而更受親近；被君主憎惡時，才智就顯得不恰當，遭到譴責而更被疏遠。所以諫說談論的人不可不察看君主的愛憎，然後進說。

龍作為一種動物，馴服時可以戲弄着騎牠；但牠喉下有直徑一尺長的逆鱗片，假使有人動它的話，就一定會受到傷害。君主也有逆鱗，進說者能不觸動君主的逆鱗，就差不多成功了。

賞析與點評

以人君為龍，而不敢犯，此絕對權力之所以久為害於中國也！

奸劫弒臣

本篇導讀——

《奸劫弒臣》旨在揭露奸邪權臣亂國竊權的種種鬼蜮伎倆，指出君主不能以法術治國，奸臣就會由劫主發展到弒君。韓非在這裏提出君主必須「循名而定是非，因參驗而審言辭」，運用自己的權勢，厚賞重罰，使天下「不得不為己視」，「不得不為己聽」，才能防止專擅朝政之臣的欺騙。否則，「主必孤於上，而臣成黨於下」，以致遭遇不測。為此，韓非提出君主應以法術治國，「正明法，陳嚴刑」，以致「霸王之功」，從而實現理想的法治社會。

所選文段一中，韓非提出，「善任勢者國安，不知因其勢者國危」。他還以秦國為例來說明這個道理。在商鞅變法以前，秦國廢棄法律而行私利，國家混亂、軍事衰弱而君主位卑，變法之後，昭明奉公為國的原則，信賞必罰，富國強兵，地擴主尊，是任勢的最好說明。作為君主正常治理國事，也需要任勢。君主身在深宮，而能明照四海，天下不能蒙蔽他，不是靠眼睛而明，不是靠耳朵而聽，而是把天下人的耳目作為自己的耳目，所以能做到暗亂之道廢，聰明之勢興。這就是任勢之道的一種具體表現。讓天下人的耳目發揮作用，就要以法治國、以法治吏、以法治民。

文段二是本篇的最後兩節，韓非在文中將遭劫殺的君主與麻瘋病患者拿來相比較，指出連麻瘋病患者都可憐被劫殺的君主。其中有的君主死於兒子弒殺，有的被大臣擊殺，有的被自己重用的重臣困餓而死，有的被亂刀砍死，有的被挑足筋被弔死。這些君主何以有如此下場？究其原因在於他們腐敗無能，不察忠奸，失德失勢，其教訓刻骨銘心。

一

聖人之治國也，固有使人不得不愛我之道，而不恃人之以愛為我也。恃人之以愛為我者危矣，恃吾不可不為者安矣。夫君臣非有骨肉之親，正直之道可以得利，則臣盡力以事主；正直之道不可以得安，則臣行私以干上[1]。明主知之，故設利害之道以示天下而已矣[2]。夫是以人主雖不口教百官，不目索奸邪，而國已治矣。人主者，非目若離婁乃為明也[3]，非耳若師曠乃為聰也[4]。目必不任其數[5]，而待目以為明，所見者少矣，非不弊之術也。耳必不因其勢，而待耳以為聽，所聞者寡矣，非不欺之道也。明主者，使天下不得不為己視，使天下不得不為己聽。故身在深宮之中，而明照四海之內，而天下弗能蔽弗能欺者，何也？暗亂之道廢而聰明之勢興也[6]。故善任勢者國安，不知因其勢者國危。古秦之俗，君臣廢法而服私[7]，是以國亂兵弱而主卑。商君說秦孝公以變法易俗而明公道[8]，賞告奸，困末作而利本事[9]。當此之時，秦民習故俗之有罪可以得免，無功可以得尊顯也，故輕犯新法。於是犯之者其誅重而必[10]，告之者其賞厚而信，故奸莫不得而被刑者眾，民疾怨而眾過日聞。孝公不聽，遂行商君之法。民後知有罪之必誅，而告奸者眾也，故民莫犯，其刑無所加。是以國治而兵強，地廣而主尊。此其所以然者，匿罪之罰重而告奸之賞厚也。此亦使天下必為己視聽之道也。至治之法術已明矣，而世學者弗知也。

注釋

1 干：向君主取得祿位。

2 利害之道：指賞罰措施。利害，指賞罰，賞為利，罰為害。

3 離婁：又稱離朱，傳說為黃帝時人，以視力強著稱。

4 師曠：字子野，春秋時晉國的著名樂師，善於辨音。聰：聽覺辨音能力強。

5 數：術。

6 暗亂：愚昧混亂。聰明之勢：指「使天下不得不為己視，使天下不得不為己聽」的權勢。

7 服：行，用。

8 說：進說，勸說。秦孝公：名渠梁，戰國時秦國君主，前三六一—前三三八年在位。他堅決任用商鞅變法，使秦國富強起來。公道：奉公為國的原則。

9 末作：指工商業。本事：指農耕。

10 誅：處罰。必：必定，堅決。

譯文

聖人來治理國家，一定有讓人不能不愛他的辦法，而不依賴能愛他才效力。依賴用愛來為君主效力潛伏着危險，依賴不能不為君主效力的辦法是安全的。君臣沒有骨肉關係，用正直的方法可以獲得安全和利益，官吏就會竭盡全力侍奉君主；用正直的方法得不到安全和利益，官吏就為私利鑽營求用。開明的君主知道這些情況，就制定賞罰辦法昭示天下。這樣，君主儘管不必親口指教官吏，不必親眼搜索奸邪，國家就已經得到治理。

君主，視力不一定像離婁一樣才算明察；聽力不一定像樂師師曠一樣才算聰敏。作為君主視力必不如離婁，不運用治國法術，卻要用眼來觀察事物，所能發現的問題就很有限，這不是防止蒙蔽的辦法。耳的聽力必定不如師曠，不依靠權勢，卻靠耳朵的聽力充作聰敏，能聽到的消息就太少了，這不是杜絕欺騙的辦法。英明的君主，讓天下臣民不能不為自己看，讓天下的臣民不得不為自己聽。因此自己在深宮裏，目光卻能照射到四海之內，而天下人不能蒙蔽，不能欺騙，這是為甚麼呢？是昏亂的辦法被拋棄，聰明的作用被發揮的結果。因此善於發揮權勢，國家就安全，不知道運用權勢，國家便會出現危險。過去秦國的慣例是，君臣廢棄法律而行使私利，因此國家混亂、軍事衰弱而君主位卑。商鞅勸説秦孝公用變法易俗來昭明奉公為國的原則，賞賜舉報奸邪之人，抑制工商業而鼓勵農耕，而那時，秦國民眾習慣舊俗的有罪之人可以被赦免，無功的人也可以顯貴，所以他們將觸犯新法看得很輕。這時對於那些觸犯新法的人一定要重罰，告發奸邪的人也一定要重賞，故而犯罪被捉且受刑的人很多，百姓的怨憤和眾人的責難每天都能聽到。但孝公並不聽從，堅持施行商鞅的新法。百姓後來知道有罪就一定被責罰，而且告發奸邪的人又很多，所以百姓不敢犯法，刑罰也不用施加他們身上。因此國家太平，兵力強大，土地廣闊而君主位尊。之所以能夠如此，是隱藏罪過的懲罰重而告發奸邪的賞賜豐厚的緣故啊！這也是讓天下的人一定為自己看和聽的道理。治理得最好的法術已經明白了，而世上的學人卻不知道啊！

賞析與點評

儒家溫情理想：君臣以義聚；法家冷酷現實：君臣以利合——兩者皆出人性，如何調合？

二

諺曰：「厲憐王[1]。」此不恭之言也。雖然，古無虛諺[2]，不可不察也。此謂劫殺死亡之主言也。人主無法術以御其臣，雖長年而美材[3]，大臣猶將得勢，擅事主斷[4]，而各為其私急。而恐父兄豪傑之士[5]，借人主之力，以禁誅於己也，故弒賢長而立幼弱，廢正的而立不義[6]。故《春秋》記之曰[7]：「楚王子圍將聘於鄭[8]，未出境，聞王病而反[9]。因入問病，以其冠纓絞王而殺之[10]，遂自立也。齊崔杼其妻美[11]，而莊公通之[12]，數如崔氏之室[13]。及公往，崔子之徒賈舉率崔子之徒而攻公[14]。公入室，請與之分國，崔子不許；公請自刃於廟，崔子又不聽；公乃走，逾於北牆。賈舉射公，中其股[15]，公墜，崔子之徒以戈斫公而死之[16]，而立其弟景公[17]。」近之所見：李兌之用趙也[18]，餓主父百日而死[19]；卓齒之用齊也[20]，擢湣王之筋[21]，懸之廟梁，宿昔而死[22]。故厲雖癰腫疕瘍[23]，上比於《春秋》，未至於絞頸射股也；下比於近世，未至餓死擢筋也。故劫殺死亡之君，此其心之憂懼，形之苦痛也，必甚於厲矣。由此觀之，雖「厲憐王」可也！

注釋

1 厲憐王：患麻瘋病的人憐憫做君主的。厲，通「癘」，麻瘋病。這裏指患麻瘋病的人。

2 虛：虛妄。

3 長年而美材：年齡高，身體美。

4 擅事主斷：擅自處理和決斷事情。

5 父兄：指君主的叔伯和兄弟。

6 的：通「嫡」。不義：指不符合宗法繼承原則的人。

7 《春秋》：記載東周歷史的編年體史書。這裏指左丘明解釋《春秋》的《左傳》。

8 王子圍：春秋時楚共王的兒子，名圍，任楚國令尹。前五四一年殺楚王郟（粵：夾；普：jiá）敖自立，即楚靈王。聘：國事訪問。鄭：春秋時諸侯國名。

9 反：同「返」。

10 冠纓：繫在頷下的帽帶。

11 崔杼（粵：柱；普：zhù）：春秋時齊國大夫。

12 莊公：指齊莊公，名光，春秋時齊國君主，前五五三—前五四八年在位。通：通姦。

13 數：多次，屢次。如：到。

14 徒：徒屬，手下人。賈舉：崔杼的家臣。

15 股：大腿。

16 戈：古代兵器，橫刃長柄。斫：砍。

17 景公：指齊景公，名杵臼，春秋時齊國君主。

18 李兌：戰國時趙國大臣。用趙：在趙國掌權。

19 餓主父百日而死：前二九五年李兌幫助趙惠文王與趙武靈王長子章爭奪君權，與公子成合謀，圍困趙武靈王於沙丘宮達三個月，將其困餓而死。主父，即趙武靈王，名雍，前二九九年傳位給小兒子何，自稱主父。

20 卓齒：即淖齒，戰國時楚將。前二八四年，燕、秦等五國聯合攻齊，楚國派淖齒率兵救齊，做了齊湣王的相。

21 擢（粵：昨；普：zhuó）：抽。湣王：指齊湣王，名地，戰國時齊國君主。前二八四年，燕兵破齊後，湣王逃奔到莒（位於今山東省莒縣）。楚將淖齒想和燕國共分齊地，乘機殺齊王。參見《史記・田敬仲完世家》。

22 宿昔：隔夜。

23 疕：頭瘡。瘍（粵：楊；普：yáng）：潰爛。

譯文

古諺語說：「得麻瘋病的人都可憐做國王的。」這是對國王不敬的話。可是，自古流傳下來的諺語沒有不切實際的，要認真考究。這句古諺是針對被大臣劫持殺害的君主而講的。君主沒有法術駕馭臣下，儘管年長，身材魁偉，大臣還是要竊取權勢，獨斷專行，把謀私放在國家政事之上。可是，又擔心同族大臣和忠勇官員，依靠君主的力量來禁錮誅殺自己，所以要殺掉年長而賢明的君主，另立幼小沒有能力掌權的，廢除君主的嫡長子，改立沒有名份的庶子繼位。所以《春秋》記載說：「楚國的王子圍將要到鄭國訪問，沒有走出邊界，就聽說國王生了病，便急忙趕回楚國首都，進宮問病，乘機用帽帶勒死了父親，就自立為楚王。齊國的大夫崔杼的妻子很美，齊莊公與她私通，屢次進入崔氏房間。等到莊公再來之時，崔氏的屬下賈舉就率領家丁攻擊莊公。莊公躲入內室，請求和他平分齊國，崔氏不答應；莊公又請求到祖廟去自殺，崔氏又不答應。莊公便跑出屋外，翻越北牆，被賈舉射中大腿，從牆上跌落，家丁們揮戈將他砍死。崔氏便立莊公的弟弟杵臼當了國君，這就是齊景公。」在近世我們也看到這種情景：李兌在趙國受到重用，把趙主父武靈王圍困在沙丘宮，經百日而餓死。楚國將軍淖齒做了齊國宰相，抽了齊湣王的筋，並把他弔在東廟的屋樑上，過了一夜才死去。所以說，麻瘋病患者，渾身腫爛，可是上和《春秋》記載的相比，還不致於被勒死，箭中大腿亂刃砍死；下和近世相比，還沒有弄到餓死，抽筋弔死的地步。對於被劫持殺死的國王來說，內心的憂懼，身體的痛苦，一定比麻瘋病患者更厲害。由此看來，即使說「麻瘋病患者都可憐做國王的」也毫不過分！

賞析與點評

權力鬥爭之殘酷，自古已然！

備內

本篇導讀——

「備內」是講君主應防備宮內后妃、嫡庶諸子及權臣等弒君篡位的文章。文章指出，君主和后妃、諸子之間都存在利害關係及嚴重的利害衝突，甚至發生「劫君弒主」慘劇。權臣往往利用宮內種種矛盾，乘機製造篡奪君權的內亂。因此，在提出了一系列「備內」的主張後，又着重提出防止奸臣篡權警示。

本文選了兩節加以介紹。

文段一旨在揭露被利慾熏心的形形色色的醜惡嘴臉，展現他們損人利己的畫卷，從而警示世人充分認識人性自利所帶來的惡果，以便及早預防。自利性在統治階級內部尤為嚴重，由自利性引發的爭鬥也更為尖銳複雜。后妃、夫人、太子由盼君早死，演變為弒君殺父的事件，歷代都層出不窮。出於自利心，臣下把君主的存在視為眼中釘，必欲取而代之而後快，便是自利心的惡性膨脹。古往今來，奸臣篡權，弒君奪位的事件，屢有發生。正如賣棺材的人，希望人死得越多越好，他的利益就在別人的死亡上，后妃、太子的利益在君主早死，君主不死，自己的權勢就不大，從而導致自相殘殺。所以，韓非特別警示君主們，「不可以不加心於利己死者」，警惕來自身邊的危險，嚴格賞罰來駕馭臣下，讓奸邪行為無處藏身，無法施展其技。韓非提出自利性的存在及危害，正是為了以法治理自利性向惡性轉化。

文段二中揭示了權臣起家的過程，並指出「犯法為逆以成大奸者」，未嘗不從尊貴之臣引起，這些權貴們施展蒙蔽君主的伎倆，逃避法律制裁，法律所懲辦的卻是權位較低的犯法官吏，這樣權貴們互相包庇，壟斷法令而獨斷專行，使君主大權旁落。為此，韓非提醒君主及時採取預防措施，堵死權臣成奸之路，確保國家安全。這就是不讓權臣滋生的預防之術。

一

萬乘之主[1]，千乘之君，后妃、夫人、適子為太子者[2]，或有欲其君之蚤死者[3]。何以知其然？夫妻者[4]，非有骨肉之恩也，愛則親，不愛則疏。語曰：「其母好者其子抱。」然則其為之反也，其母惡者其子釋。丈夫年五十而好色未解也[5]，婦人年三十而美色衰矣。以衰美之婦人事好色之丈夫，則身見疏賤，而子疑不為後，此后妃、夫人之所以冀其君之死者也[6]。唯母為后而子為主，則令無不行，禁無不止，男女之樂不減於先君，而擅萬乘不疑[7]，此鴆毒扼昧之所以用也[8]。故《桃左春秋》曰[9]：「人主之疾死者不能處半。」人主弗知，則亂多資。故曰：利君死者眾，則人主危。故王良愛馬[10]，越王句踐愛人[11]，為戰與馳。醫善吮人之傷，含人之血，非骨肉之親也，利所加也。故輿人成輿[12]，則欲人之富貴；匠人成棺，則欲人之夭死也。非輿人仁而匠人賊也，人不貴，則輿不售；人不死，則棺不買。情非憎人也，利在人之死也。故后妃、夫人、太子之黨成而欲君之死也，君不死，則勢不重。情非憎君也，利在君之死也。故人主不可以不加心於利己死者。故日月暈圍於外[13]，其賊在內[14]，備其所憎，禍在所愛。是故明王不舉不參之事[15]，不食非常之食；遠聽而近視，以審內外之失；省同異之言[16]，以知朋黨之分，偶參伍之驗[17]，以責陳言之實[18]；執後以應前，按法以治眾，眾端以參觀；士無幸賞，無逾行；殺必當，罪不赦，則奸邪無所容其私。

注釋

1 萬乘：泛指大國。下文的「千乘」，泛指中等國家。乘，兵車，一車由四馬駕駛。

2 后妃：指萬乘之主的正妻。夫人：指千乘之主的正妻。適子：正妻生的兒子。
適，即「嫡」。
3 或：有人。蚤：通「早」。
4 夫：發語詞。
5 丈夫：成年的男子。解：通「懈」，鬆懈，減弱。
6 冀：希望。
7 擅：專，獨掌。
8 鴆（粵：朕；普：zhèn）：一種毒鳥，用牠的羽毛泡的酒能毒死人。扼：扼殺，
指縊死。昧：割，指殺死。
9 《桃左春秋》：古代的一部史書，已失傳。
10 王良：春秋末期晉國人，以善於駕馭車馬著名。
11 句踐：春秋末期戰國初期越國的君主。
12 輿人：造車的人。
13 暈：環繞日月的白色光圈。
14 賊：損害，毛病。
15 舉：辦。參：即參伍之驗，用事實加以驗證。

16 省：察看，檢查。

17 偶：並列，對比。

18 責：求。

譯文

各個大小國家的君主，他們的后妃、夫人，做了太子的嫡子，有的盼着自己的君主早死。怎麼能證明這一點呢？妻子，沒有骨肉的恩情，寵愛就親近，不寵愛就疏遠。俗話說：「母親美，兒子受寵愛。」那麼與此相反的話，就是母親醜，兒子被疏遠。男子五十歲而好色之心不減弱，婦女三十歲美貌就衰減了。色衰的婦女侍奉好色的男子，自己就會被疏遠卑視，加上兒子被懷疑不能成為繼承人，這正是后妃夫人盼望君主早死的原因。只有當母親做了太后而兒子做了君主以後，那時就會令無不行，禁無不止，男女樂事不減於先君在時，而無疑要獨掌國家大權，這正是用毒酒鴆命、用繩索殺人事件產生的原因。所以《桃左春秋》上說：「君主因病而死的不到半數。」君主不懂得這個道理，奸臣作亂就有了更多的機會。所以說，認為君主死亡對自己有利的人多，君主就危險。所以王良愛馬，越王句踐愛民，就是為了打仗和奔馳。醫生善於吸吮病人的傷口，口含病人的污血，不是因為有骨肉之親，而是因為利益所在。所以車匠造好車子，就希望別人富貴；棺材匠做好棺材，就希望人死得越多越好。並不是車匠仁慈而棺材匠狠毒，別人不富貴，車子就賣不掉；別人不死，棺材就沒人買。本意並非憎恨別人，而是利益就在別人的死亡上。所以后妃、夫人、太子的私黨結成了就會盼望君主早死，如果君主不死，自己權勢就不大。本意並非憎恨君主，而是利益就在君主的死亡上。所以君主不能不留心那些利在自己死亡的人。所以日月外面有白色光圈環繞，成因就在內部；防備自己所憎恨的人，禍害卻來自所親愛的人。所以明君不做沒有驗證過的事情，不吃不尋常的食物；打聽遠處的情況，觀察身邊的事情，從而考察朝廷內外的過失；研究相同的和不同的言論，從而了解朋黨的派別；對比通過事實所作的驗證，從而責求臣下陳言的可靠性；拿事後的結果來對照事先的言論，按照法令來治理民眾，根據各種情況來檢驗觀察；官吏沒有僥倖受賞的，沒有違法行事的；誅殺一定得當，有罪的不予赦免。這樣一來，奸邪行為就無處容身了。

賞析與點評

如此為君，有何平安喜樂？韓非眼底心中，無一而非黑暗世界！

二

傜役多則民苦，民苦則權勢起，權勢起則復除重[1]，復除重則貴人富。苦民以富貴人，起勢以藉人臣[2]，非天下長利也。故曰：傜役少則民安，民安則下無重權，下無重權則權勢滅，權勢滅則德在上矣。今夫水之勝火亦明矣，然而釜鬵間之[3]，水煎沸竭盡其上，而火得熾盛焚其下，水失其所以勝者矣。今夫治之禁奸又明於此，然守法之臣為釜鬵之行[4]，則法獨明於胸中而已，失其所以禁奸者矣。上古之傳言，《春秋》所記，犯法為逆以成大奸者，未嘗不從尊貴之臣也。然而法令之所以備，刑罰之所以誅，常於卑賤，是以其民絕望，無所告訴。大臣比周[5]，蔽上為一，陰相善而陽相惡，以示無私，相為耳目，以候主隙[6]，人主掩蔽，無道得聞，有主名而無實，臣專法而行之，周天子是也[7]。偏借其權勢，則上下易位矣，此言人臣之不可借權勢也。

注釋

1 復：免除傜役。除：免除賦稅。重：多的意思。

2 起勢以藉人臣：給臣子擴張權勢提供條件。

3 釜：大鍋。鬵：釜類的烹器。間：間隔。

4 釜鬵之行：用鍋隔開水火的行為，指阻礙推行法治的行為。

5 比周：緊密勾結，植黨營私。

6 隙：空子。

7 周天子：這裏指東周王朝的天子。戰國時自周顯王起，周天子一直寄居在西周公和東周公的封邑內，已經名存實亡。

譯文

傜役多，百姓就困苦；百姓困苦，臣下勢力就發展起來；臣下勢力發展起來，免除傜役和賦稅的人就增多；免除傜役和賦稅的人增多了，權貴就富有起來。君主傷害百姓而使權貴富有，給臣下擴張勢力提供了條件，這不符合國家的長遠利益。所以說，傜役輕，百姓就安定；百姓安定，臣下就沒有特權；臣下沒有特權，他們的勢力就消滅了；他們的勢力消滅了，恩惠就全歸君主實施。現在看來，水能滅火的道理也夠明白的了，然而用鍋子把水和火隔開，水在上面沸騰以致燒乾，而火在下面卻燒得非常旺盛，這是因為水失去了滅火的條件。現在拿治國措施中的禁止奸邪來說，道理比這更加明白，但執法大臣起了鍋子那樣的阻隔作用，那麼，法律只在君主心裏明白，卻已經失去了禁奸的作用。在上古的傳說中，在《春秋》的記載裏，違犯法律、叛逆作亂而篡權奪位的人，都屬於尊貴大臣。這樣，法令要防備的，刑罰要懲辦的，通常是地位低賤的人，因此百姓感到絕望，無處可去伸冤。大臣相互勾結，串通一氣矇騙君主，暗地裏交好，表面上相互憎惡，以便表示沒有私情。他們互相作為耳目，等待着鑽君主的空子。君主受蒙蔽，無從了解真情，有君主之名而無君主之實，大臣壟斷法令而獨斷專行，周天子正是這樣。君主權勢旁落，上下也就換了位置，這就是說，君主不能把自己的權勢借給臣下。

南面

本篇導讀——

《南面》論述君主治國的幾項原則。一是明法。通過彰明法度，以制大臣之威，使他們不能違法專權，假藉忠心之名來「惛主壞法」。二是責實。君主對臣下的言論和行動要循名責實，考察其功效，不致被其假像迷惑。三是變古。君主應因時變法，反對「無變大，毋異常」的守舊觀點。

文段一所講「言」、「默」的責任都追究，就是說君主對臣下必須追究有言之責和沉默不言之責。有言之責指說話不負責任，無頭無尾，花言巧語無從驗證，就要追究說話的責任，責求其實際效果。遇事不表態，以便保持其地位，必須讓他表示贊成還是反對，從而明確他的責任。如此，臣下一定要負起說話的責任，又要負起不說話的責任。

文段二中所講「名存實亡」的實際內容，是關於辦事功效的計算原則。名義上得利，自以為有功，而實際上耗費巨大，不但無功，反而有罪。這無疑是當頭棒喝。

一

人臣為主設事而恐其非也，則先出說設言曰：「議是事者，妒事者也。」人主藏是言，不更聽群臣[1]；群臣畏是言，不敢議事。二勢者用[2]，則忠臣不聽而譽臣獨任[3]。如是者謂之壅於言[4]，壅於言者制於臣矣[5]。主道者，使人臣有必言之責，又有不言之責。言無端末、辯無所驗者，此言之責也；以不言避責、持重位者，此不言之責也。人主使人臣言者必知其端以責其實，不言者必問其取捨以為之責，則人臣莫敢妄言矣，又不敢默然矣，言、默則皆有責也。

注釋

1 更：再。

2 勢：形勢，局面。

3 譽臣：徒有虛名的臣子。

4 壅於言：被言論所蒙蔽。

5 制於臣：被臣下所控制。

譯文

臣下為君主籌劃事情而恐怕別人非議，就預先放風說：「議論這件事的人，就是嫉妒這件事的人。」君主信了這種話，不再聽取群臣的意見；群臣害怕這種話，不敢再議論。這兩種局面起了作用，君主對忠臣的話就不會聽取而專門任用那些徒有虛名的臣子。像這樣的情形，就叫做被言論所蒙蔽；被言論所蒙蔽，也就受制於臣下。做君主的原則是，應使臣下一定負起說話的責任，又要負起不說話的責任。說話無頭無尾、辯詞無從驗證的，這就要追究說話的責任；用不說話來逃避責任、保持顯赫權位的，這就要追究不說話的責任。君主對說話的臣子，一定要顯露出來龍去脈，從而責求他的實效；對不說話的臣子，必須問他贊成還是反對，從而明確他的責任。那麼臣子就不敢亂說，又不敢不說了，說話和沉默就都有了責任。

賞析與點評

人民有沉默之自由，有官守者則言默皆當有責，此理甚當，問題只在最終向誰負責。

二

人主欲為事，不通其端末，而以明其欲，有為之者，其為不得利，必以害反。知此者，任理去欲[1]。舉事有道，計其入多[2]，其出少者，可為也。惑主不然，計其入，不計其出，出雖倍其入，不知其害，則是名得而實亡。如是者功小而害大矣。凡功者，其入多，其出少，乃可謂功。今大費無罪而少得為功，則人臣出大費而成小功，小功成而主亦有害。

注釋

1 任：順應。

2 入：指所得的利益。下文的「出」，指付出的代價。

譯文

君主想做某件事，沒有掌握全部情況，就把自己的想法表露出來，這樣做的話，不但沒有好處，反而一定會受害。懂得這些，就會順應客觀事理，去掉主觀慾望。做事有個原則，就是算來利益多、代價少的，就可以做。昏君不這樣，只算得利，不算代價，代價即使成倍地超過利益，也不知它的危害，這就是名義上得到而實際上失去。像這樣就是功勞小而危害大了。大凡功勞，它的利益多，它的代價少，這才可以叫做功勞。現在耗費大的無罪，而收效小的有功，臣子就會以大的耗費去取得小的收效，小的收效即使取得了，而君主仍是遭受了損害。

解老

本篇導讀——

「解老」就是對《老子》的解釋。這是中國哲學史上最早解釋《老子》的專篇。《老子》又名《道德經》，漢代又稱《德道經》，後世王弼注本等分道經、德經為上下篇，是中國最早的哲學思想著作。

韓非用法家觀點對《老子》若干篇章的全文或部分作了解釋，借用老子的觀點充實自己的法治思想，既有繼承又有發展。如對於「道」與「德」，他認為道是「與天地之剖判也具生」的自然法則，而非「先天地生」；「德者道之功」，德是具體事物上的體現。在此基礎上他第一次提出「道」與「理」這一對範疇：「道者，萬物之所然也，萬理之所稽也」，「萬物各異理，而道盡稽萬物之理」。這是哲學發展史上的一大貢獻。又如韓非對《老子》中的辯證法思想也有新的見地，他承認萬事萬物是發展變化的，壞事可以引出好的結果，好事也可以引出壞的結果，禍會引起人們「心畏懼」，促使人們「行端直」和「思慮熟」，轉變為福；福會引起人們「驕心生」，導致人們「行邪辟」，轉化為禍，使禍福轉變有了新意。

（陳耀南按：老子身世成謎而文辭深奧，理論玄妙多涉形而上意趣，又多錯簡譌脱，歷代解者紛如，難衷一是。韓非時代較近，用力亦深，但其在歸宗權術，以達明君無為而治之用。欲究真相，仍須精治老子本書，然後全讀解老、喻老二篇，方克比較而知其得失，否則如墜霧中，莫悉本末。此處但選二則，以見一斑可也。）

文段一借用老子「治大國者若烹小鮮」的名言來説明法不宜朝令夕改，一旦制定就應有相對穩定性。韓非量化了法數變的危害，具有更充分的説服力。

文段二闡述老子講的「禍莫大於可欲」、「禍莫大於不知足」、「咎莫憯於欲利」三句話，揭示災禍由自利心——可欲——邪心演變的惡性膨脹過程，向世人，尤其是統治者敲起警鐘。韓非特別強調，杜絕貪慾必須從國君、諸侯、富人做起，他們是「可欲」的禍首，他們不以衣食為滿足，聲色玩好，奢侈無度，「進則教良民為奸，退則令善人有禍。奸起，則上侵弱君；禍至，則民人多傷」。故「明君賤玩好而去淫麗」。

一

工人數變業則失其功[1]，作者數搖徙則亡其功[2]。一人之作，日亡半日，十日則亡五人之功矣；萬人之作，日亡半日，十日則亡五萬人之功矣。然則數變業者，其人彌眾[3]，其虧彌大矣。凡法令更則利害易[4]，利害易則民務變，務變之謂變業。故以理觀之：事大眾而數搖之，則少成功；藏大器而數徙之[5]，則多敗傷；烹小鮮而數撓之[6]，則賊其澤[7]；治大國而數變法，則民苦之。是以有道之君貴靜，不重變法。故曰：「治大國者若烹小鮮。」[8]

注釋

1 工人：有技藝的人。數：屢次。變業：變換工作。

2 搖徙：變動。亡：丟失。

3 彌：愈，更加。

4 更：改換。易：改變。

5 大器：貴重的器物。

6 烹：煮。鮮：活魚。撓：擾動，翻動。

7 賊：傷害。澤：光澤。

8 這句話出自《老子》王弼注本六十章。

譯文

工匠屢變職業，因荒廢技藝而降低效率；勞作者屢變勞動場所，就喪失功效。一個人的勞作，一天丟失半天，十天就丟失五個人的功效；一萬人的勞作，一天丟失半天，十天就丟失五萬人的功效。既然如此，那麼屢變作業的人，人數越多，損失就越大。凡是法令變更了，利害情況也就跟着改變；利害情況改變了，民眾從事的作業也就跟着變化；從事的作業有了變化，就叫做變換勞作項目。所以按照道理來看，役使大眾而屢讓他們發生變動，功效就會很小；收藏貴重器物而屢加挪動，損毀就會很大；烹煮小魚而屢加翻動，就傷害它的光澤並使魚破碎；治理大國而屢變法令，百姓就會受到坑害。因此懂得治國原則的君主把安定看得很寶貴，法令確定以後，不再輕易變更。所以《老子》說：「治理大國就像烹煮小魚一樣不能亂動。」

二

人有欲，則計會亂[1]；計會亂，而有欲甚；有欲甚，則邪心勝；邪心勝，則事經絕[2]；事經絕，則禍難生。由是觀之，禍難生於邪心，邪心誘於可欲。可欲之類，進則教良民為奸，退則令善人有禍。奸起，則上侵弱君；禍至，則民人多傷。然則可欲之類，上侵弱君而下傷民人。夫上侵弱君而下傷民人者，大罪也。故曰：「禍莫大於可欲。」[3]是以聖人不引五色[4]，不淫於聲樂；明君賤玩好而去淫麗[5]。

人無毛羽，不衣則不犯寒[6]；上不屬天而下不著地[7]，以腸胃為根本，不食則不能活；是以不免於欲利之心。欲利之心不除，其身之憂也。故聖人衣足以犯寒，食足以充虛，則不憂矣。眾人則不然，大為諸侯，小餘千金之資，其欲得之憂不除也。胥靡有免[8]，死罪時活，今不知足者之憂終身不解。故曰：「禍莫大於不知足。」[9]

故欲利甚於憂，憂則疾生；疾生而智慧衰；智慧衰，則失度量[10]；失度量，則妄舉動；妄舉動，則禍害至；禍害至而疾嬰內[11]；疾嬰內，則痛禍薄外[12]；痛禍薄外，則苦痛雜於腸胃之間；苦痛雜於腸胃之間[13]，則傷人也憯[14]。憯則退而自咎[15]，退而自咎也生於欲利。故曰：「咎莫憯於欲利。」[16]

注釋

1 計會：計算，謀慮。

2 事經：辦事的綱紀，準則。經，綱紀，準則。

3 這句引文，《老子》帛書甲本、河上公注本都作「罪莫大於可欲」。王弼注本沒有這句引文。

4 五色：即五彩。這裏指好看的東西。

5 賤：輕賤。玩好：珍貴的玩物，珍寶。

6 犯寒：戰勝寒冷。犯，勝。

7 屬：連。

8 胥靡：犯輕罪，罰作苦役的人。

9 這句話出自《老子》王弼注本四十六章。

10 度量：指準則。

11 疾嬰內：內心被疾病纏繞。嬰，纏繞。

12 薄：迫近，侵擾。

13 雜：集聚。

14 憯（粵：tsam²；普：cǎn）：慘痛。

15 自咎：自責。咎，悔恨，罪責

16 這句引文見王弼注本四十六章。

譯文

人有慾望，謀慮就混亂；謀慮混亂，就更有慾望；更有慾望，邪心就佔上風；邪心佔上風，辦事的準則就沒有了；準則沒有了，災難就會發生。由此看來，災難產生於邪心，邪心產生於慾望。可引起慾望的那類東西，進一步說可以使好人為奸，退一步說也可以使善人遭禍。奸起，向上就會侵害削弱君主，而向下就會傷害百姓；向上侵害削弱君主，而向下傷害百姓，是大罪。所以《老子》說：「禍患沒有比可引起慾望的東西更大的了。」因此聖人不受五色的引誘，不沉溺於聲樂；明君輕視珍貴的玩物，拋棄過分華麗的東西。

人沒有毛羽，不穿衣就不能勝寒；上不接天而下不着地，把腸胃作為根本，不吃飯就不能生存，因此不能免除慾利之心。慾利之心不除，是自身的憂患。所以聖人穿衣足夠禦寒，吃飯足夠充飢，就沒有憂慮了。普通人卻不這樣，大到做了諸侯，小到積存千金資財，貪得的憂慮仍不能解除。輕罪得以赦免，死罪得以活命，現在一些不知足者的憂愁卻終身不能解脫。所以《老子》說：「禍害沒有比不知足更大的。」

所以貪利比憂愁更厲害。憂愁就得病；得病就智力減退；智力減退，就失去準則；失去準則，就胡亂行事；胡亂行事，禍害就降臨；禍害降臨，疾病就纏繞內心；疾病纏繞內心，病痛就向外侵擾；病痛向外侵擾，苦痛就聚集在腸胃之間；苦痛聚集在腸胃之間，傷害人就慘痛；慘痛就退而自責；退而自責認識到是由貪利產生的。所以《老子》說：「罪責沒有比貪利更慘痛的了。」

賞析與點評

韓非承老子言去欲之論甚高，但居至尊高位而獨裁專制者亦不外凡人，除極權外無有可樂，其必變為猛獸毒龍無疑，此其學似超世而實毒世！

喻老

本篇導讀——

「喻」是一種用具體事例說明抽象道理的方法。「老」指《老子》一書。「喻老」，是韓非用歷史故事和民間傳說闡發《老子》思想的哲理文章。全篇分二十二段，分別解釋《老子》篇章中的若干論點，並加以引申發揮，注入新的思想。

本文所選文段一是對《老子》「罪莫大於可欲」一話的解釋。所謂「可欲」就是可以引起慾望的東西，有追求虛偽美名的，有追求物質利益的，統統為慾望。天下人的慾望，不外名利二字。老子說追求慾望是罪惡，一語破的；韓非舉出實例為此語作注，旨在警示世人遠離貪慾。

文段二「扁鵲見蔡桓公」的故事，是為了論證老子講的兩句話是千真萬確的真理，一句是「天下之難事必作於易，天下之大事必作於細」；一句是「圖難於其易也，為大於其細也」。千里之堤潰於蟻穴，百尺之室以突隙之煙焚，講的就是慎易以避難，謹小以避災的道理。

文段三、四中的三個故事，叔瞻勸鄭君不能無禮於晉公子重耳，晉獻公假道滅虢國，回軍又滅虞國，箕子見紂王製作象牙筷子，都是為了解釋《老子》「其安易持也，其未兆易謀也」這句話。

文段五是通過楚莊王一鳴驚人的歷史故事來解釋《老子》「大器晚成」這句名言的。楚莊王當政三年不發令、不親政，舉國上下都費解。莊王自釋其由，說大鳥三年不飛，為的是讓羽翼豐滿；不飛不鳴，為的是觀察國情民風。飛必沖天，鳴必驚人。過了三年楚莊王親自聽政，廢誅權臣、庸臣，起用能臣良將，刷新朝政，富國強兵，遂霸天下。楚莊王的成功，是抱法處勢，巧妙用術的結果，是三者完美的結合。三年不露聲色，才能由小到大，由弱到強，最後稱霸諸侯。這是他依法治國的成功經驗，也是韓非任勢學說的有力佐證。

文段六是《喻老》中的最後一個故事，旨在解釋《老子》「不貴其師，不愛其資，雖知（智慧）大迷，是謂要妙」一語。韓非舉文王為例，舉太公為貴師，資助費仲為愛資，所以文王成就建國大業關鍵就在於此。以此說明，不尊重老師，不珍惜有利條件，雖然有智慧也是糊塗人。這就是一個人成敗的奧妙所在。

一 翟人有獻豐狐、玄豹之皮於晉文公[1]。文公受客皮而歎曰：「此以皮之美自為

罪。」夫治國者以名號為罪，徐偃王是也[2]；以城與地為罪，虞、虢是也[3]。故曰：「罪莫大於可欲。」[4]

注釋

1 翟：通「狄」，古代北方的一個少數民族。豐：大。玄：帶赤的黑色。晉文公：名重耳，獻公的庶子，因受後母驪姬迫害，曾出奔到狄。又流亡至曹、衞、楚等國。後在秦穆公幫助下回國執政。

2 徐偃王：名誕，徐國的君主。周穆王時人，以「仁義」治國，自稱得天瑞而稱王，周穆王命楚國把徐國滅掉。這裏是說徐偃王有仁義的美名，而且稱王，因此招來災禍。

3 虞：春秋時諸侯國名。姬姓。位於今山西平陸東北。虢（粵：隙；普：guó）：春秋時諸侯國名，姬姓。位於今河南陝縣。虞、虢地處晉國南邊，是晉國向南擴張的必經之路。前六五五年，晉獻公向虞國借道，攻滅虢國，回國後，又出兵滅掉虞國。

4 可欲：可以引起慾望。這句話見《老子》河上公注本四十六章。

譯文

有個翟人把大狐、黑豹的皮進獻給晉文公。文公接受客人的獸皮後感歎道：「狐豹因為皮美給自己帶來了禍害。」國君因為名號而帶來禍害的，徐偃王就屬於這種情況；因城池與土地造成禍害的，虞、虢就屬於這種情況。所以《老子》說：「罪過中沒有比可以引起慾望的東西更大的了。」

二

有形之類，大必起於小；行久之物，族必起於少[1]。故曰：「天下之難事必作於易[2]，天下之大事必作於細。」是以欲制物者於其細也。故曰：「圖難於其易也，為大於其細也。」[3]千丈之堤，以螻蟻之穴潰[4]；百尺之室，以突隙之煙焚[5]。故曰：白圭之行堤也塞其穴[6]，丈人之慎火也塗其隙[7]，是以白圭無水難，丈人無火患。此皆慎易以避難，敬細以遠大者也。

扁鵲見蔡桓公[8]，立有間[9]。扁鵲曰：「君有疾在腠理[10]，不治將恐深。」桓侯曰：「寡人無疾[11]。」扁鵲出，桓侯曰：「醫之好治不病以為功。」居十日，扁鵲復見曰：「君之病在肌膚，不治將益深。」桓侯不應。扁鵲出，桓侯又不悅。居十日，扁鵲復見曰：「君之病在腸胃，不治將益深。」桓侯又不應。扁鵲出，桓侯又不悅。居十日，扁鵲望桓侯而還走，桓侯故使人問之。扁鵲曰：「病在腠理，湯熨之所及也[12]；在肌膚，針石之所及也[13]；在腸胃，火齊之所及也[14]；在骨髓，司命之所屬[15]，無奈何也。今在骨髓，臣是以無請也。」居五日，桓侯體痛，使人索扁鵲，已逃秦矣。桓侯遂死。故良醫之治病也，攻之於腠理。此皆爭之於小者也。夫事之禍福亦有腠理之地，故曰聖人蚤從事焉。

注釋

1 族：眾多。

2 作：起，開始。

3 這三句話出自《老子》王弼注本六十三章。

4 螻：螻蛄。蟻：螞蟻。

5 突隙：煙囪的裂縫。突，煙囪。

6 白圭（粵：歸；普：guī）：戰國時水利家，曾任魏惠王的相。行：巡視。

7 丈人：老年人。塗：塗塞。

8 扁鵲：戰國初期名醫，姓秦名越人，又稱盧醫，鄭縣（位於今河北任邱）人。

蔡桓公：即蔡桓侯，名封人。

9 立有間：站了一會兒。

10 腠（粵：湊；普：còu）理：皮膚上的紋理。一說是皮與肌肉之間的白色組織。

11 寡人：君主自稱。

12 湯：以藥湯熏洗。熨：以藥物熱敷。

13 針石：針灸用的金針和石針。

14 火齊：清火去熱的湯藥。齊，同「劑」。

15 司命：傳說主宰人類生命的神。屬：管轄。

譯文

有形狀的東西，大的必定從小的發展起來；歷時經久的事物，聚集起來的東西，必定從細微的開始積累起來。所以《老子》說：「天下的難事必定開始於簡易，天下的大事必定起步於微細。」因此要想控制事物，就要從微細處着手。所以《老子》說：「解決難題要從易處入手，想幹大事要從小處開始。」千丈之堤，因為螻蟻營窟而導致潰決；百尺高屋，因為煙囱漏火而導致焚毀。所以說：白圭巡視長堤時堵塞小洞，老人謹防跑火而塗封縫隙，因此白圭沒有水害，老人沒有火災。這些都是謹慎地對待容易處理的事來避免大災大難發生，鄭重地對待細小的漏洞以避免大禍臨頭。

扁鵲拜見蔡桓公，站了一會兒，扁鵲說：「您有病在表皮上，不治怕會加深。」桓侯說：「我沒有病。」扁鵲走後，桓侯說：「醫生喜歡醫治沒病的人來作為自己的功勞。」過了十天，扁鵲又拜見桓侯說：「您的病到肌膚了，不治就會進一步加重。」桓侯不理睬。扁鵲走了，桓侯表示不高興。過了十天，扁鵲又拜見桓侯說：「您的病到了腸胃，不治會更加厲害。」桓侯還是不予理睬。扁鵲走了，桓侯還是表示不高興。過了十天，扁鵲看見桓侯轉身就跑，桓侯特意派人問他。扁鵲說：「病在表皮，藥物熏敷可以治好；在肌膚，針灸可以治好；在腸胃，清熱的湯藥可以治好；在骨髓，屬於主宰生命之神管轄的範圍，我就沒有辦法了。現在君主病入骨髓，因此我就不再求見說甚麼了。」過了五天，桓侯全身疼痛，派人找扁鵲，扁鵲已逃往秦國了。於是桓侯病死。所以良醫治病，趁它還在表皮就加以治療，這都是為了搶在事情細小的時候及早處理。事情的禍福也有微見萌芽的時候，所以說聖人能夠及早加以處理。

賞析與點評

「上醫醫未病」、「病入膏肓」等說，理與此通。

三

昔晉公子重耳出亡[1]，過鄭，鄭君不禮[2]。叔瞻諫曰[3]：「此賢公子也，君厚待之，可以積德。」鄭君不聽。叔瞻又諫曰：「不厚待之，不若殺之，無令有後患。」鄭君又不聽。及公子返晉邦，舉兵伐鄭，大破之，取八城焉。晉獻公以垂棘之璧假道於虞而伐虢[4]，大夫宮之奇諫曰[5]：「不可。脣亡而齒寒，虞、虢相救，非相德也。今日晉滅虢，明日虞必隨之亡。」虞君不聽，受其璧而假之道。晉已取虢，還反滅虞。此二臣者，皆爭於腠理者也[6]，而二君不用也。然則叔瞻、宮之奇亦虞、鄭之扁鵲也，而二君不聽，故鄭以破，虞以亡。故曰：「其安易持也，其未兆易謀也。」[7]

注釋

1 重耳出亡：重耳被迫奔狄以後，因受晉惠公迫害，又流亡到齊、秦等國，最後在秦穆公幫助下，回國為君。重耳，晉文公名。

2 鄭君：指鄭文公，名捷。

3 叔瞻：人名，鄭國的大夫。

4 晉獻公：春秋時晉君，名佹諸。重耳之父。前六六一——前六五一年在位。垂棘：春秋時晉地，以出美玉著稱。璧：美玉的通稱。

5 宮之奇：春秋時虞國大夫。「輔車相依，唇亡齒寒」就是他勸諫虞君的名言。

6 爭於腠理：指注重治療皮膚上一類的小毛病。

7 這句話出自《老子》王弼注本六十四章。

譯文

從前晉公子重耳出外流亡，路經鄭國，鄭國君主不以禮相待。叔瞻勸說道：「這是賢明的公子，您好好待他，可以積德。」鄭君不聽從。叔瞻又勸說道：「不好好待他，還不如殺了他，不要讓他日後給我們帶來禍患。」鄭君又不聽從。等到重耳返回晉國，起兵伐鄭，大敗鄭國，奪取了鄭國八座城。晉獻公用垂棘的寶玉相贈來向虞國借路去攻打虢國，大夫宮之奇勸說道：「不可借路。唇亡而齒寒，虞、虢互相救援，並不是在互相施恩。今天晉滅虢，明天虞必定會跟着滅亡。」虞君不聽，接受晉國寶玉，借給晉軍道路。晉攻取虢，回國後，又出兵滅了虞。這兩位臣子都搶在禍害剛露苗頭時就想出了辦法，但兩位君主卻不採納，所以鄭國因此戰敗了，虞國因此滅亡了。所以《老子》說：「事情安定時容易維持，事情未露苗頭時容易想法處理。」

四

昔者紂為象箸而箕子怖[1]，以為象箸必不加於土鉶[2]，必將犀玉之杯；象箸玉杯必不羹菽藿[3]，則必旄、象、豹胎[4]；旄、象、豹胎必不衣短褐而食於茅屋之下[5]，則錦衣九重[6]，廣室高臺[7]。吾畏其卒，故怖其始。居五年，紂為肉圃[8]，設炮烙[9]，登糟丘[10]，臨酒池[11]，紂遂以亡。故箕子見象箸以知天下之禍。故曰：「見小曰明。」[12]

注釋

1 **紂**：指商紂，商朝最後一個王。**為**：製作。**象箸**：象牙筷子。**箕子**：紂王的叔父，官為太師。**怖**：害怕，擔憂。

2 **土鉶**（粵：刑；普：xíng）：盛湯的陶製器皿。

3 **菽**（粵：淑；普：shū）：豆類植物。**藿**（粵：霍；普：huò）：豆葉。

4 **旄、象、豹胎**：旄、象、豹未出生的幼體，指難得的精美食物。旄，旄牛。

5 **衣**：穿衣，名詞用作動詞。**短褐**：粗毛布做的短衣。

6 **錦衣**：用華美的絲織品做的衣服。**九重**：九層，形容穿的錦衣套數多，表示闊氣。

7 **臺**：土築成的高臺、高建築物，供觀望遊樂用。

8 **肉圃**：即肉林，懸掛大量肉類的地方。

9 **炮烙**：本作「炮格」，烤肉用的銅格，又用作殺人的刑具。

10 **糟丘**：酒糟堆積而成的小山。

11 **酒池**：盛酒的池子。

12 這句話出自《老子》王弼注本五十二章。

譯文

從前商紂製作了象牙筷子，箕子非常擔憂，認為象牙筷子一定不會配合着陶製器皿使用，一定會配合使用犀牛角杯或玉杯；象牙筷、玉杯一定不會用於吃豆類葉子熬的濃湯，一定要去吃旄牛、大象、豹子的胎兒；吃旄牛、大象、豹子的胎兒就一定不會穿粗布短衣，不會在茅屋下面食用，就一定要穿多層的織錦衣服，住上寬敞房屋和在高臺上遊樂。箕子害怕後果嚴重，所以深為這樣的開端擔憂。過了五年，商紂擺設肉林，建炮烙之刑，登上酒糟山，俯臨美酒池，因而喪身。因此箕子看見象牙筷子就預感到了天下的禍害。所以《老子》說：「能夠看到事物的萌芽狀態，就叫做明智。」

五

楚莊王莅政三年[1]，無令發，無政為也。右司馬御座而與王隱曰[2]：「有鳥止南方之阜[3]，三年不翅，不飛不鳴，嘿然無聲[4]，此為何名？」王曰：「三年不翅，將以長羽翼；不飛不鳴，將以觀民則[5]。雖無飛，飛必沖天；雖無鳴，鳴必驚人。子釋之，不穀知之矣[6]。」處半年，乃自聽政。所廢者十，所起者九，誅大

臣五，舉處士六[7]，而邦大治。舉兵誅齊，敗之徐州[8]，勝晉於河雍[9]，合諸侯於宋[10]，遂霸天下。莊王不為小害善，故有大名；不蚤見示，故有大功。故曰：「大器晚成，大音希聲。」[11]

注釋

1 楚莊王：名侶，春秋五霸之一。前六一三—前五九一年在位。莅政：臨政，即執政。莅，到，臨。

2 右司馬：楚國官名，主管軍政。御座：侍座，侍候在旁。隱：隱語，用謎語的方式暗示。

3 止：居住，棲息。阜：土丘。

4 嘿：同「默」，沉默。

5 民則：民眾的態度。

6 不穀：不善，古代君主自稱的謙詞。

7 處士：沒有做官的讀書人。

8 徐州：同「舒州」，由原薛邑改名。舒州，位於今山東省滕縣東南。

9 河雍：古地名，又作衡雍。在今河南原陽西南。

10 宋：古國名。周初分封的諸侯國之一。子姓。領地有今河南、山東、江蘇、安徽之間地帶。

11 希：聽而不聞的聲音。這句引文見《老子》王弼注本四十一章。

譯文

楚莊王執政三年，沒有發佈過命令，沒有處理過政事。右司馬侍座，用隱語對莊王說：「一隻鳥，落在南山上，三年不展翅，不飛不鳴，默然無聲，大王說是甚麼鳥？」莊王說：「三年不展翅，用來長羽翼；不飛不鳴，用來觀察民風。雖然沒起飛，一飛必沖天；雖然沒鳴叫，一鳴必驚人。您別管了吧，我已經知道了。」過了半年，莊王就親自處理政事。廢掉大臣十人，起用提拔大臣五人，誅殺了五個大臣，進用了六個處士，結果把國家治理得非常好。起兵伐齊，在徐州打敗了齊國，在河雍戰勝了晉軍，在宋地會合諸侯，於是稱霸天下。莊王不讓小事妨礙自己的長處，所以能有大名；不過早表露意圖，因而能有大功。所以《老子》說：「貴重的器物製作費時，因此晚成；宏大的聲音需要聚集才能發出，故而稀聲。」

賞析與點評

《史記‧滑稽列傳》載淳于髡以讔語（謎）說齊威王，其喻同此，而作「一飛沖天」、「一鳴驚人」，更為普及。

六

周有玉版[1]，紂令膠鬲索之[2]，文王不予[3]；費仲來求[4]，因予之。是膠鬲賢而費仲無道也。周惡賢者之得志也[5]，故予費仲。文王舉太公於渭濱者，貴之也；而資費仲玉版者，是愛之也[6]。故曰：「不貴其師，不愛其資，雖知大迷，是謂要妙[7]。」

注釋

1 玉版：用玉做的刻有文字的版片。

2 膠鬲（粵：隔；普：gé）：人名，商紂王的忠臣。索：索取。

3 文王：指周文王姬昌。

4 費仲：商紂王寵信的臣子，善於阿諛逢迎。

5 惡：討厭，憎恨。

6 「文王」四句：文王在渭水邊提拔了太公，是尊重他；而把玉版提供給費仲，則是看中他能敗壞紂王的朝政。太公，指太公望，即姜尚，一名呂尚，長於軍事謀略，曾幫助周武王滅商，受封於齊。太公是對他的尊稱。渭，渭水，在今陝西境內。濱，水邊。

7 「不貴其師」四句：這句話出自《老子》王弼注本二十七章。知，同「智」。迷，迷惑，糊塗。要妙，奧妙。

譯文

周人擁有一塊玉版，殷紂王派膠鬲前去索取，文王不給他；費仲前去索求，文王就給了。這是因為膠鬲賢達而費仲太荒唐無德。周人不欲賢人在殷朝得志，所以給了費仲。周文王在渭水邊提拔了太公，那是尊重他；而把玉版提供給費仲，卻是看中他得志後可以擾亂殷紂。所以《老子》說：「假如不尊重他的老師，不愛惜可資利用的條件，儘管聰明，終是讓人太糊塗，這就叫做奧妙。」

說林上

本篇導讀——

「說」，指（陳耀南按：作為準備說服君王舉例素材的）民間傳說和歷史故事；「林」，比喻數量眾多，有聚集在一起之意。「說林」指傳說故事彙編，共彙集七十一則傳說故事，分上下篇，上篇三十四則，下篇三十七則。這些故事和傳說，有的是韓非從史說中摘錄的，有的是他加工改編的，其中有的故事還加有他的評語。

本文所選文段講老馬識途、掘蟻壤而得水的故事，意在說明人應藉助客觀力量來服務自己的道理。人的認識能力有限，而事理是無窮盡的。要想越過眼前障礙，就需要向客觀事物學習，探求未知事理，這才是真正的智者。憑這種精神就可以不斷戰勝自己，超越障礙。

管仲、隰朋從桓公伐孤竹[1]，春往冬反[2]，迷惑失道。管仲曰：「老馬之智可用也。」乃放老馬而隨之，遂得道。行山中無水，隰朋曰：「蟻冬居山之陽，夏居山之陰。蟻壤一寸而仞有水[3]。」乃掘地，遂得水。以管仲之聖而隰朋之智，至其所不知，不難師於老馬與蟻。今人不知以其愚心而師聖人之智，不亦過乎？

注釋

1 管仲：名夷吾，春秋時齊桓公的相。隰（粵：習；普：xí）朋：人名。齊桓公的左相。從：跟隨。孤竹：古代國名，位於今河北盧龍到遼寧朝陽一帶。

2 反：同「返」。

3 仞：古代高度計算單位，八尺為一仞。

譯文

管仲、隰朋跟隨齊桓公攻打孤竹國，春去冬來，在返回的途中迷失了道路。管仲說：「老馬的智慧可以利用啊！」於是便放開老馬在前頭帶路，大家跟在後頭走，終於找到了路。在山裏行走時，人馬都喝不到水，隰朋說：「螞蟻冬天時住在山的南面，夏天時住在山的北面。螞蟻穴口上的浮土高一寸，下面八尺深的地方就會有水。」於是掘地，結果找到了水。憑管仲的智慧和隰朋的聰明，碰到他們不知道的，不惜向老馬和螞蟻學習。現在的人不知道用他們的愚蠢之心去向聖人的智慧學習，不是錯了嗎？

說林下

本篇導讀——

本文所選文段講的是愛信譽勝於愛鼎的故事。齊國向魯國索要鼎，魯君準備拿贋品送給齊國，寧失信譽也不失鼎。樂正子春主張把真鼎拿出來送人，愛信譽勝於愛鼎。人無信不立，魯君愛物不愛信譽，首先失掉了人格，有何資格做一國之君？即使做了國君，又如何取信於民？可以斷定，此君必不能以法治國；不能以法治國，勢必主辱國破。

齊伐魯，索讒鼎[1]，魯以其鴈往[2]。齊人曰：「鴈也。」魯人曰：「真也。」齊曰：「使樂正子春來[3]，吾將聽子[4]。」魯君請樂正子春，樂正子春曰：「胡不以其真往也[5]？」君曰：「我愛之。」答曰：「臣亦愛臣之信。」

注釋

1 讒鼎：鼎名。

2 鴈：同「贗」，假的。

3 樂正子春：春秋時魯國人，以官為姓，曾參的門徒。

4 子：你，指送鼎的魯國人。

5 胡：何，為甚麼。

譯文

齊國討伐魯國，索要讒鼎，魯國就把贗品送去了。齊人說：「這是贗品。」魯人說：「是真的。」齊人說：「叫樂正子春來證明，我就相信你。」魯君請來樂正子春，樂正子春說：「為甚麼不把真的送去？」魯君說：「我喜愛讒鼎。」樂正子春回答說：「我也愛惜我的信譽。」

觀行

本篇導讀——

「觀行」，就是觀察自己和他人的行為。韓非認為：人的智慧和才能各有其局限，明主要知道自己的長處和短處，「以有餘補不足」，嚴格要求自己；對於他人不能苛求超出客觀可能，應以法術為標準，「因可勢，求易道」，順應客觀形勢，找出容易成功的法則，便可能「用力寡而功名立」。

本文的中心思想是講明君應當懂得「尺有所短，寸有所長」、「以有餘補不足」的道理，才能正確認識自己，正確對待別人。人能觀星宿，卻看不到自己的睫毛、面孔。所以古人發明鏡子，來解決看不到自己面孔的問題。堯、舜沒有眾人輔助，也不能建立大功。大力士烏獲得不到別人幫助，也不能舉起自己。人要知道自己的行為是否正確，須要把事物發展的規律作為標準來衡量；君主不強迫別人做自己辦不到的事情，又能做到以人之長，補己之短，善於利用客觀條件和規律來治國，就可以功成名就。用最省的力、最簡易的辦法，取得最大效果，辦到自己所辦不到的事情，這也就是超越了自我。

古之人目短於自見，故以鏡觀面；智短於自知，故以道正己。故鏡無見疵之罪，道無明過之怨。目失鏡，則無以正鬚眉；身失道，則無以知迷惑。西門豹之性急[1]，故佩韋以緩己[2]；董安于之心緩[3]，故佩弦以自急。故以有餘補不足，以長續短之謂明主。

天下有信數三[4]：一曰智有所不能立，二曰力有所不能舉，三曰強有所不能勝。故雖有堯之智而無眾人之助，大功不立；有烏獲之勁而不得人助[5]，不能自舉；有賁、育之強而無法術[6]，不得長勝。故勢有不可得，事有不可成。故烏獲輕千鈞而重其身[7]，非其身重於千鈞也，勢不便也。離朱易百步而難眉睫[8]，非百步近而眉睫遠也，道不可也。故明主不窮烏獲以其不能自舉；不困離朱以其不能自見。因可勢，求易道，故用力寡而功名立。時有滿虛，事有利害，物有生死，人主為三者發喜怒之色，則金石之士離心焉[9]。聖賢之樸深矣[10]。故明主觀人，不使人觀己。明於堯不能獨成，烏獲不能自舉，賁、育之不能自勝，以法術則觀行之道畢矣。

注釋

1 西門豹：戰國初期魏國人，魏文侯時任鄴縣令時，曾引河水灌田，革除河伯娶婦的陋習。

2 韋：熟皮子。這裏指熟皮帶子。

3 董安于：又作「董閼于」，春秋時晉國趙簡子的家臣，以計謀出名。

4 信數：必然的道理。

5 烏獲：戰國時秦武王的大力士。

6 賁（粵：庇；普：bēn）、育：指孟賁和夏育，兩人都是衞國人，戰國時著名勇士。

7 鈞：古代重量單位，三十斤為一鈞。

8 離朱：又作「離婁」，傳說他是黃帝時人，視力極好，能看清百步以外毫毛的尖端。

9 金石：比喻忠貞。

10 樸：道術，此指法術。

譯文

古代的人因為眼睛缺少自見的能力，所以用鏡子來觀察面容；因為智慧缺少自知的能力，所以用道來端正自己。所以鏡子沒有顯現瑕疵的罪責，道沒有招來顯露過失的怨恨。眼睛失去鏡子，就沒有辦法來整飾鬍鬚和眉毛；人離開道，就沒有辦法來辨別是非。西門豹的性情急，所以他佩帶柔軟的熟皮帶子，以便提醒自己應該從容沉着；董安于的性情慢，所以他佩帶繃緊的弓弦，以便提醒自己應該明快敏捷。所以能夠以有餘補不足，以長補短，這才能稱作明主。天下有三種必然的道理：一是智慧雖高，也有辦不成的事情；二是力氣雖大，也有舉不起的東西；三是實力雖強，也有打不贏的對手。所以即使有堯那樣的智慧，如果沒有眾人的輔助，也不能建立大功；有烏獲那樣大的力氣，如果得不到別人的幫助，也不能自己舉起自己；有孟賁、夏育那樣的勇猛，如果沒有法術作指導，也不能永遠取勝。所以客觀條件總有不能得到的時候，各種事情總有不能辦成的時候。烏獲以千鈞的東西為輕，而以自身的重量為重，並不是他的身體比千鈞還重，而是客觀條件不夠。離朱易於看清百步之外的毫毛，卻難以看到自己的眉睫，並非百步近而眉睫遠，而是條件不允許。所以明君不因烏獲不能自舉而為難他；不因離朱不能自見而刁難他。順應可獲成功的形勢，尋找容易取勝的條件，所以用力少而功名成。季節有盛有衰，事情有利有害，萬物有生有死，君主對這三種變化表現出喜怒之色，那麼忠貞人士就會離心離德，聰明的人就會摸到君主底細了。所以明君觀察別人，而不讓別人觀察自己。明白唐堯不能單獨成功，烏獲不能舉起自己，孟賁、夏育不能勝過自我，運用法術，則觀察臣下行為的道理就盡在其中了。

賞析與點評

本文篇幅特短，而不慍不火，入理入情，恐是早年尚在荀門之作。

功名

本篇導讀——

《功名》是闡述君主如何憑勢用權，成名立功的獻策。君主要立功成名，必須具備四個條件：順天時、得人心、運用技能、高居勢位。其中對勢位進行了重點分析，指出勢由位生，只有處於君位，才能握有權勢。權勢首先是君主對臣下的支配權，對舉國的發號施令權。君主必須得到臣下的支持與服從，「臣主同欲而異使」，「尊主御忠臣，則長樂生而功名成」。這種藉助勢位而建立功名的思想，就是對勢治學說的發展。

勢的提出，對治理國家、鞏固君權具有重大意義。勢既生於位高，那麼君權具有至高無上尊嚴。反之，失勢就意味着丟掉君主的位置和權勢。君主只是位勢高，未必比臣子賢能，不屑者可以得勢而控制賢者。就像孔子向魯哀公稱臣一樣。對於統治者來說，加強臣權，鞏固權勢，就必須牢牢抓住「任勢」這個綱。然而權勢也不是萬能的，有權勢，不順天時，不得人心，君主也是孤家寡人。所以文章指出，「位不載於世，則功不立，名不遂」，「人主之患在莫之應」。所以說，「人主者，天下一力以共載之，故安；眾同心以共立之，故尊」。這與「水能載舟，亦能覆舟」無疑是同出一轍。

明君之所以立功成名者四：一曰天時，二曰人心，三曰技能，四曰勢位。非天時，雖十堯不能冬生一穗；逆人心，雖賁、育不能盡人力。故得天時，則不務而自生；得人心，則不趣而自勸[1]；因技能，則不急而自疾[2]；得勢位，則不推進而名成。若水之流，若船之浮。守自然之道，行毋窮之令，故曰明主。

夫有材而無勢，雖賢不能制不肖。故立尺材於高山之上，則臨千仞之溪，材非長也，位高也。桀為天子，能制天下，非賢也，勢重也；堯為匹夫，不能正三家，非不肖也，位卑也。千鈞得船則浮，錙銖失船則沉[3]，非千鈞輕而錙銖重也，有勢之與無勢也。故短之臨高也以位，不肖之制賢也以勢。人主者，天下一力以共載之，故安；眾同心以共立之，故尊。人臣守所長，盡所能，故忠。以尊主御忠臣[4]，則長樂生而功名成。名實相持而成，形影相應而立，故臣主同欲而異使。人主之患在莫之應，故曰：一手獨拍，雖疾無聲。人臣之憂在不得一，故曰：右手畫圓，左手畫方，不能兩成。故曰：至治之國，君若桴[5]，臣若鼓，技若車，事若馬。故人有餘力易於應，而技有餘巧便於事。立功者不足於力，親近者不足於信，成名者不足於勢，近者不親，而遠者不結，則名不稱實者也。聖人德若堯、舜，行若伯夷[6]，而位不載於世，則功不立，名不遂。故古之能致功名者，眾人助之以力，近者結之以成[7]，遠者譽之以名，尊者載之以勢。如此，故太山之功長立於國家[8]，而日月之名久著於天地。此堯之所以南面而守名[9]，舜之所以北面而效功也[10]。

注釋

1 趣：督促。勸：勉勵。

2 疾：迅速。

3 錙銖：都是古代重量計算單位，六銖為一錙，四錙為一兩，這裏指很輕的東西。

4 御：駕馭，使用。

5 桴（粵：呼；普：fú）：鼓槌。

6 伯夷：商朝末年孤竹國君主的長子，因推讓君位而逃走，後又反對周武王伐商，商被滅後，不食周粟而死。被譽為品德高尚的人。

7 **成**：通「誠」，真心。

8 **太山**：即泰山。

9 **南面**：古代君主臨朝時面南而坐。這裏指處在君位。**守名**：保持住名位。

10 **北面**：指處在臣位。**效**：獻。

譯文

開明君主立功成名的條件有四個：一是天時，二是人心，三是技能，四是權勢地位。不順天時，即使十個堯也不能讓莊稼在冬天裏結成一個穗子；違背人心，即使孟賁、夏育也不能讓人們多出力氣。順應了天時，即使不很費力，莊稼也會自然生長；得人心，就是不用督促，民眾也能自我勉勵；憑藉技能，即便不急於求成，事情也會很快完成；得到了勢位，即使不追求，名聲也會大振。好像水的流動，好像船的漂浮，把握自然規則，推行暢通無阻的法令，所以稱為明君。

有才能而沒有權勢，即使是賢人，也不能制服不肖的人。所以在高山上樹立一尺長的木頭，就能俯臨萬丈深的峽谷，木頭並不長，而是位置高。夏桀作為天子，能控制天下，不是因為他賢，而是因為他權勢重；堯作為普通人，不能管理好三戶人家，不是因為他不賢，而是因為他地位卑賤。千鈞重物依靠船就能浮起來，錙銖輕物沒有船就沉下去；不是因為千鈞輕而錙銖重，而是因為有沒有依靠船的浮力這種勢。所以短木居高臨下憑藉的是位置，不才者制服賢人憑藉的是權勢。做君主的，天下合力來共同擁戴他，所以地位穩定；天下齊心來共同推舉他，所以身價尊貴。臣下發揮特長，竭盡所能，這就叫忠誠。用尊貴的君主駕馭忠誠的臣子，就會出現長治久安的局面，功業和名望就會建立。名、實相依賴而成立，形、影相對應而出現，所以君臣願望相同而各自要做的事情不同。君主的禍患在於沒有人響應，一隻手單獨來拍，雖然速度很快，但發不出聲音來。臣子的憂患在於不能專職，右手畫圓的，左手畫方的，不能同時成功。治理得最好的國家，君主如同鼓槌，臣子如同鼓，技能如同車，職位如同馬。所以君主有餘力臣民容易響應召喚，技巧高超容易辦成事情。建立功業的人力量不夠，親近的人忠誠不夠，成就名望的人權勢不夠，貼身的人不貼心，遠方的人不結交，那就是名不副實了。聖人的道德如同堯、舜，行為如同伯夷，但勢位不為世人所擁護，就會功不成，名不正。所以古代能夠成就功名的人，眾人用力幫助他，身邊的人真心結交他，遠處的人用美名讚譽他，位尊的人靠權勢托起他，正因如此，所以君主的豐功偉績就如同泰山一樣長期在國家建立，君主的盛名威望就如同日月一樣在天地之間永放光芒。這就是堯所以能南面稱王而保持名位，舜所以要北面稱臣而獻功效忠的原因。

賞析與點評

本文亦短，談君臣相得之理，未離儒家立場，而已有法家傾向。

內儲說上七術

本篇導讀——

《儲說》是韓非彙集和儲存大量歷史故事和民間傳說，用以闡述自己法治觀點的短篇文集，共分「內」「外」兩大類。（陳耀南按：內篇又分上下，外篇分為左右，再分上下，只因篇簡重多，不得不如此，並無他義。）每篇先提議論（經），後舉例（說）。「經」文簡練，只講觀點，不述情節；「說」文專述故事，經說配合，前後呼應，類似儒家經典中的經傳體。《內儲說》上篇名「七術」，下篇名「六微」，講述君主駕馭臣下的方法和手段，以及觀察臣下六種隱蔽行為的措施。顯然這些都是為君主提供統治經驗的說教，是察奸、防奸、懲奸的統治術，其中不乏詭詐手段，爾虞我詐、弄權施術的面目暴露無遺。當然其中也包含了依法治國的可貴思想，值得我們從中取其精華。

所選文段一意在說明舉國唯權臣之言是聽，眾口一詞，國家就「不免於亂」。這種廣開言路的思想是治國良策。

文段二講述張儀與惠子關於和、戰之爭，是為了闡述「一國人都贊成未必靠得住」這樣一個真理。惠施用嚴密的邏輯推理說明君主已經被一半人的假話所蒙蔽。

文段三講叔孫豹死於讒言的故事，說明有術與無術有着截然相反的兩種後果：有術，權傾朝野；無術，卻被家奴所殺。

文段四是典故「三人言而成虎」的原始出處。

文段五講子產主張以威嚴止亂，這是韓非嚴刑可以禁奸止亂的一貫主張。他認為治家、治國都必須嚴，只有嚴才是愛。嚴並不是濫殺濫罰，而是讓人們不敢再去犯法，正像人們不敢往火裏跳一樣。嚴並不是目的，子產講，寬是設下的陷阱，本來可以不死，看到寬刑而僥倖冒險，最後走向死亡。

文段六中，越王句踐的馭下之術、教戰之法有二：一是精神上鼓舞士氣，二是實物上的賞罰。他懂得民氣可用，便向怒蛙敬禮，以示尊重勇士，於是有人受到鼓舞便自刭獻頭表示效忠之意。又設重賞，以水、火試其有無必死決心，結果民眾紛紛赴湯蹈火，以求重賞。據史書記載，吳、越交戰，越王句踐組織百人敢死戰士，衝鋒陷陣，衝到敵陣前，百人全部剖腹自殺，十分壯烈，招致吳軍陣勢一片譁然大亂，經越軍一衝，全軍潰散。這就是以術治軍的效應。

文段七中，是典故「濫竽充數」的原始出處。這個典故幾乎家喻戶曉，但是人們眾口一詞，批判這個濫竽充數的騙子，說他不學無術，騙吃騙喝，可以在三百人合吹的演奏中蒙混過關，而逐個演奏時，便原形畢露了。騙子固然可惡，當所指斥。但是，韓非的用意重點是批判君主馭臣乏術，才讓騙子有機可乘。這個故事是韓非讓君主們善用馭臣之術，要考察每個人的能力和盡職盡責的效率，避免只知彙聚群言，要運用「一一聽之」的聽言方法。

一

魯哀公問於孔子曰[1]：「鄙諺曰[2]：『莫眾而迷。』今寡人舉事，與群臣慮之，而國愈亂，其故何也？」孔子對曰：「明主之問臣，一人知之，一人不知也；如是者，明主在上，群臣直議於下。今群臣無不一辭同軌乎季孫者[3]，舉魯國盡化為一[4]，君雖問境內之人，猶不免於亂也。」

注釋

1 哀公：名蔣，春秋末期魯國君主，前四九四—前四六七年在位。

2 鄙諺：民間諺語。

3 一辭同軌：同一個口徑說話，一個模子辦事。乎：於。季孫：指季康子，名肥，春秋末期魯國執政的卿。

4 舉：全。盡化為一：指全國人同季孫氏一個鼻孔出氣。

譯文

魯哀公問孔子說：「民間俗語說：『沒有眾人合計就會迷亂。』現在我辦事和群臣一起謀劃，但國家卻越來越亂了，原因是甚麼呢？」孔子回答說：「明君有事問臣下，有人知道，有人不知道；像這樣的話，明君在上，群臣就可以在下面直率地議論。現在群臣沒有不和季孫統一口徑的，全魯國都變成了一個人，您即使問遍境內百姓，仍然不免於亂。」

賞析與點評

言論之統一口徑，必有時而為弊。古人如韓非亦早知之，但一於權臣，猶有孔子論之；一於昏庸如秦二世之君，而下有指鹿為馬之趙高，則秦遂亡矣。

二

張儀欲以秦、韓與魏之勢伐齊、荊[1]，而惠施欲以齊、荊偃兵[2]。二人爭之。群臣左右皆為張子言，而以攻齊、荊為利，而莫為惠子言。王果聽張子，而以惠子言為不可。攻齊、荊事已定，惠子入見。王言曰：「先生毋言矣。攻齊、荊之事果利矣，一國盡以為然。」惠子因說：「不可不察也。夫齊、荊之事也誠利，一國盡以為利，是何智者之眾也？攻齊、荊之事誠不可利，一國盡以為利，何愚者之眾也？凡謀者，疑也。疑也者，誠疑以為可者半，以為不可者半。今一國盡以為可，是王亡半也。劫主者，固亡其半者也。」

注釋

1 張儀：戰國時魏國人，縱橫家中連橫派的代表人物，曾任秦惠王相，後在魏國任相。與：交好。荊：即楚。

2 惠施：人名，戰國時宋國人，曾任魏惠王相，名家的代表人物。以：與。偃兵：罷兵不戰。

譯文

張儀想憑秦、韓和魏交好的勢力去征伐齊、楚，惠施想與齊、楚罷兵言和。兩人爭執不下。群臣近侍都幫張儀說話，認為攻打齊、楚有利，而沒有人幫惠施講話。魏王果真聽從了張儀的主張，而認為惠施的主張不可行。攻打齊、楚的事已經確定之後，惠子進見魏王。魏王說：「您不要說了。攻打齊、楚的事情確實有利，全國都這樣認為。」惠施趁機進言：「這種情況不能不明察。如果攻打齊、楚這件事確實有利，全國都認為有利，聰明的人怎麼會這麼多啊！如果攻打齊、楚這件事確實不利，全國都認為有利，愚蠢的人怎麼會這麼多啊！凡要謀劃，是因為有疑。有疑的事，如果確實是疑惑不定的，那麼就會有一半人認為可行，一半人認為不可行。現在全國都認為可行，這是大王失去了一半人的意見。被挾持的君主也正是失去了半數意見的君主啊！」

三

叔孫相魯[1]，貴而主斷。其所愛者曰豎牛[2]，亦擅用叔孫之令。叔孫有子曰壬[3]，豎牛妒而欲殺之，因與壬遊於魯君所。魯君賜之玉環，壬拜受之而不敢佩，使豎牛請之叔孫。豎牛欺之曰：「吾已為爾請矣，使爾佩之。」壬因佩之。豎牛因謂叔孫：「何不見壬於君乎？」叔孫曰：「孺子何足見也[4]。」豎牛曰：「壬固已數見於君矣[5]。君賜之玉環，壬已佩之矣。」叔孫召壬見之，而果佩之，叔孫怒而殺壬。壬兄曰丙[6]，豎牛又妒而欲殺之。叔孫為丙鑄鐘，鐘成，丙不敢擊，使豎牛請之叔孫。豎牛不為請，又欺之曰：「吾已為爾請之矣，使爾擊之。」丙因擊之。叔孫聞之曰：「丙不請而擅擊鐘。」怒而逐之。丙出走齊[7]。居一年，豎牛為謝叔孫，叔孫使豎牛召之，又不召而報之曰：「吾已召之矣，丙怒甚，不肯來。」叔孫大怒，使人殺之。二子已死，叔孫有病，豎牛因獨養之而去左右，不內人[8]，曰：「叔孫不欲聞人聲。」不食而餓殺。叔孫已死，豎牛因不發喪也，徙其府庫重寶空之而奔齊。夫聽所信之言而子父為人僇[9]，此不參之患也。

注釋

1 叔孫：指叔孫豹，春秋後期魯國執政的三大貴族之一。

2 豎牛：叔孫氏的侍僕，名牛。豎，年輕的奴僕。

3 壬：即仲壬，叔孫豹的次子。

4 孺子：孩子。足：值得，夠得上。

5 固：其實。數：屢次，多次。

6 丙：即孟丙，叔孫豹的長子。

7 丙出走齊：孟丙逃往齊國。《左傳》昭公四年記此事，佩環被逐的是仲壬，擊鐘被殺的是孟丙，和韓非記載不同。

8 不內人：不讓人進去。內，同「納」。

9 僇：通「戮」，殺。

譯文

叔孫豹在魯國做宰相，祿位高而又專權獨斷。他最喜愛的一個侍僕叫豎牛，這個人也常常擅自盜用叔孫豹的名義發號施令。叔孫豹有個兒子叫仲壬，豎牛嫉妒他，還想殺害他，於是故意帶仲壬到國君那裏去玩。國君送給仲壬一個玉環，仲壬謝納玉環，但不敢佩帶，便讓豎牛向叔孫豹請求允許他佩帶。豎牛欺騙仲壬說：「我已經替你請求了，他老人家允許你佩帶玉環。」仲壬便把玉環佩帶在身上。接着豎牛就對叔孫豹說：「您為甚麼不讓仲壬去拜見君主呢？」叔孫豹說：「小孩子有甚麼值得引見呢？」豎牛說：「仲壬原來已經多次拜見過君主。君主送給他一個玉環，仲壬已經佩帶在身。」叔孫豹派人把仲壬喚來，看見仲壬果然佩着玉環。叔孫豹勃然大怒，立即殺了仲壬。仲壬的哥哥叫孟丙，豎牛也嫉妒他，也想殺害他。叔孫豹為孟丙鑄了一口大鐘，鑄成後孟丙不敢敲擊，讓豎牛向叔孫豹請求允許他敲擊。豎牛沒有替他請求，又欺騙他說：「我已經替你請求過了，他老人家允許你敲擊大鐘。」孟丙便敲擊起大鐘。叔孫豹聽到鐘聲後說：「孟丙不請示就擅自敲鐘。」就忿怒地把他趕走了。孟丙出逃到了齊國。一年後，豎牛假裝替孟丙向叔孫豹謝罪，叔孫豹就讓豎牛召孟丙，豎牛沒去召人，卻報告叔孫豹說：「我已召過他了，孟丙很惱怒，不肯來。」叔孫豹十分憤怒，派人殺了孟丙。兩個兒子已死，叔孫豹患病，豎牛就獨自侍養他，把近侍們支開，不讓人進入，說「叔孫不想聽見人聲」。豎牛不給叔孫豹東西吃，活活把他餓死了。叔孫豹已死，而豎牛並不發訃告，把叔孫豹財庫裏的貴重珍寶搬運一空，然後逃往齊國。自己一味偏信別人的話，結果父子都被人殺了，這就是不加驗證的禍患。

四

龐恭與太子質於邯鄲[1]，謂魏王曰：「今一人言市有虎，王信之乎？」曰：「不信。」「二人言市有虎，王信之乎？」曰：「不信。」「三人言市有虎，王信之乎？」

王曰：「寡人信之。」龐恭曰：「夫市之無虎也明矣，然而三人言而成虎。今邯鄲之去魏也遠於市[2]，議臣者過於三人，願王察之。」龐恭從邯鄲反[3]，竟不得見。

注釋

1 龐恭：人名。質：抵押。這裏指在其他諸侯國充做人質。邯鄲：趙國的都城，位於今河北邯鄲西南。

2 去：距離，離開。

3 反：同「返」。

譯文

龐恭陪太子到趙都邯鄲做人質。龐恭對魏王說：「如今有一個人說集市上有老虎，大王相信嗎？」魏王說：「不相信。」「兩個人說集市上有老虎，大王相信嗎？」魏王說：「不相信。」「三個人說集市上有老虎，大王相信嗎？」魏王說：「我相信了。」龐恭說：「集市上沒有老虎是很清楚的，但是三個人的言論就造出了一隻老虎。現在邯鄲離魏國比這兒離集市遠得多，妄議我的人也比三個人多，希望大王明察真情。」龐恭從邯鄲回來後，最終還是沒能見到魏王。

五

子產相鄭[1]，病將死，謂游吉曰[2]：「我死後，子必用鄭[3]，必以嚴莅人[4]。夫火形嚴，故人鮮灼[5]；水形懦，人多溺。子必嚴子之形[6]，無令溺子之懦[7]。」子產死，游吉不肯嚴形，鄭少年相率為盜[8]，處於萑澤[9]，將遂以為鄭禍。游吉率車騎與戰，一日一夜，僅能克之。游吉喟然歎曰：「吾蚤行夫子之教[10]，必不悔至於此矣！」

注釋

1 子產：即公孫僑，春秋時鄭國執政的卿。

2 游吉：即子太叔，繼子產執政的大臣。

3 子：您。用鄭：用事於鄭，即在鄭國執政。

4 以嚴莅人：用威嚴治理民眾。莅，臨。

5 鮮：少。灼：燒傷。

6 形：通「刑」。

7 溺子之懦：柔弱卻能淹死人的水。比喻治國軟弱，就會因輕易犯法而被處死。

8 少年：古代不滿三十歲的可以稱少年。相率：一個接一個。

9 處：據，存身。雚澤：即萑苻之澤，位於今河南中牟。雚，通「萑」。

10 夫子：對卿大夫的尊稱，這裏指子產。

譯文

子產做鄭相，重病將死，對游吉說：「我死後，您一定會在鄭國執政，一定要用威嚴治理民眾。火的樣子是嚴酷的，所以人們很少被燒傷；水的樣子是柔和的，所以很多人被淹死。您必須嚴厲地執行刑罰，不要讓人們因您的柔弱而觸犯法令。」子產死後，游吉不肯嚴厲執行刑罰，鄭國青年拉幫結伙成為強盜，盤踞在萑苻之澤中，即將給鄭國造成禍害。游吉率車騎和他們開戰，打了一天一夜，才算打敗了他們。游吉感歎地說：「我早按子產的教導去做的話，一定不會懊悔到這般地步了！」

六

越王句踐見怒蛙而式之[1]。御者曰：「何為式？」王曰：「蛙有氣如此，可無為式乎？」士人聞之曰[2]：「蛙有氣，王猶為式，況士人之有勇者乎！」是歲，人有自剄死以其頭獻者[3]。故越王將復吳而試其教[4]，燔臺而鼓之[5]，使民赴火者，賞在火也；臨江而鼓之，使人赴水者，賞在水也；臨戰而使人絕頭刳腹而無顧心者[6]，賞在兵也[7]。又況據法而進賢，其勸甚此矣。

注釋

1 句踐：春秋末越國君主。前四九六—前四六五年在位。曾被吳王夫差戰敗。後發憤圖強，嚴明賞罰，一舉滅吳，成為春秋末新霸主。怒蛙：肚子膨脹起來的蛙，似怒，故名。式：致敬。式又作「軾」，古代車廂前面做扶手的橫木，敬禮時俯身憑軾。

2 士人：這裏指武士。

3 自剄：自刎。剄，用刀割脖子。

4 復吳：向吳國復仇。吳，古國名。

5 燔：焚燒。臺：用土築成的一種高建築物，可供遊賞觀望。鼓之：擊鼓令人前進。

6 刳（粵：枯；普：kū）：剖。顧心：反顧之心。

7 賞在兵：臨到戰爭時能使人們斷頭剖腹而沒有回頭的心意，是因為作戰有賞。

譯文

越王句踐看見一隻怒蛙，就向牠憑軾致敬。車夫說：「幹嗎要憑軾致敬？」越王說：「青蛙這般氣勢洶洶，怎麼可以不向牠憑軾致敬呢？」武士們聽到後說：「青蛙氣勢洶洶，作為王尚且向牠致敬，何況勇敢的武士呢！」這一年，有人自刎後將頭獻給越王。所以越王準備向吳國復仇，就試行這樣的教育，放火焚燒高臺後，擊鼓令人前進，使人衝到火裏的原因，是進火有賞；靠近江邊後，擊鼓令人前進，使人衝向水中的原因，是進水有賞；臨作戰時，使人斷頭剖腹而義無返顧的原因，是作戰有賞。又何況根據法制任用賢人，它的鼓舞作用就比這些更進一層了。

七

齊宣王使人吹竽[1]，必三百人。南郭處士請為王吹竽[2]，宣王說之[3]，廩食以數百人[4]。宣王死，湣王立[5]，好一一聽之，處士逃。

注釋

1 齊宣王：名辟彊，戰國時齊國君主。竽：古代用竹製成的一種樂器，形狀像笙。

2 南郭：複姓。處士：隱居不做官的讀書人。

3 說：同「悅」，高興。

4 廩（粵：凜；普：lǐn）食以數百人：有幾百人享受着由官倉供應俸糧的待遇。廩，米倉。

5 湣王：指齊湣王，名地，戰國時齊國君主。

譯文

齊宣王讓人給他吹竽聽，每次必得三百人合吹。有個姓南郭的先生請求給齊王吹竽，齊宣王便很高興地答應了他的請求，發給他的薪水跟那幾百人的一樣。齊宣王死後，湣王即位，他喜歡吹竽者一個一個地為他吹，本來不會吹竽的南郭先生便逃掉了。

內儲說下六微

本篇導讀——

這是一個楚成王洩露機密而招來殺身之禍的故事。故事講楚成王輕易決定改立太子，又將此決定告訴了公主。他沒有意識到君臣父子不同利的危害。太子商臣最大的利益是順利接過君權，當這一利益受到威脅時，勢必奪回他的權利。當他從公主口裏證實自己太子位將要被換時，便不顧生死，奮力一搏，以確保太子之位，並接管王位。實現他的這一慾望，就要讓君父早死，可見，楚成王缺乏治國之術，釀成了這場弒君悲劇。

楚成王以商臣為太子[1]，既而欲置公子職[2]。商臣聞之，未察也，乃為其傅潘崇曰[3]：「奈何察之也？」潘崇曰：「饗江羋而勿敬也[4]。」太子聽之。江羋曰：「呼[5]，役夫！宜君王之欲廢女而立職也[6]。」商臣曰：「信矣[7]。」潘崇曰：「能事之乎？」曰：「不能。」「能為之諸侯乎？」曰：「不能。」「能舉大事乎？」曰：「能。」於是乃起宿營之甲而攻成王[8]。成王請食熊膰而死[9]，不許，遂自殺。

注釋

1 楚成王：名惲，春秋時楚國君主。商臣：楚成王的長子，後殺父即位，即楚穆王。
2 既而：不久，隨後。置：立。公子職：楚成王的小兒子。
3 傅：師傅。潘崇：人名。
4 饗（粵：享；普：xiǎng）：盛宴招待。江羋（粵：米；普：mǐ）：楚成王的妹妹，姓羋，嫁給江國。
5 呼：古人發怒時的口語。
6 宜：應該，難怪。女：同「汝」，你。
7 信：確實。

8 宿營之甲：守衛宮殿的軍隊。

9 熊膰（粵：凡；普：fán）：熟熊掌。膰，熟肉。

譯文

楚成王把商臣立為太子，過後又想立公子職為太子。商臣聽說了這件事，但沒有弄清，於是就對他師傅潘崇說：「怎樣查清這件事呢？」潘崇說：「設宴招待成王妹妹江芈，但不要尊敬她。」太子接受了潘崇的建議。江芈說：「呸，下賤的東西！難怪君主想廢掉你而立職呢。」商臣說：「事情得到了證實。」潘崇說：「你能侍奉公子職嗎？」商臣說：「不能。」「能做職的諸侯嗎？」商臣說：「不能。」「能發動政變嗎？」商臣說：「能。」於是商臣就發動守衛宮殿的軍隊去攻打成王。成王請求吃熟熊掌再死，商臣不答應，於是成王只好自殺。

賞析與點評

後世雄主如漢武帝、唐太宗，晚歲皆與太子為敵，古以色列聖王大衛亦與兒子兵戎相見，古今中外如此之例正多，權勢財利之前，父子為仇，骨肉無親，正非鮮見！

外儲說左上

本篇導讀——

這篇《外儲說左上》共六段經文和相應的說文，主要論說君主聽取進言不應追求表面動聽的言辭；聽言應以功效為標準，反對空談；指出人與人之間是利害關係；重用「居學之士」；君臣上下分清名分和職責，君主不應事必躬親，推進法治必須講誠信等內容。

所選文段一中，秦伯嫁女於晉公子，讓陪嫁侍女打扮得花枝招展，文采秀麗，結果晉公子愛侍女而不愛秦女；楚人賣珠，卻把珠盒用珠玉點綴，玫瑰裝飾，翡翠襯托，買主只買盒子不買珠。一個善嫁妾，一個善賣櫝，成為世人笑柄。秦伯嫁女、楚人賣珠，意在諷刺「以文害用」的行為，對於君主「覽其文而忘有用」也是有警示作用。

文段二、四中，以「白馬非馬」的詭辯，繪畫的難易，主旨在說明道理要在實際中進行參驗。

文段三中，作者用無的放矢比喻君主不用一定的標準衡量臣下和說客的言論，則造成他們信口開河、極盡花言巧語之能事的惡端，由此提出，君主馭臣必須糾正無的放矢的弊端，實行有的放矢的用人之道，為大臣、說客們定出進言的標準，強調說話、建議要有針對性，不敢妄言，盡力求其功用。

文段五中，韓非講的是變自利心為互利心的道理。韓非看到自利之心尚需自我克制，用互利心待人，就可以合作共事，和諧相處，人之情是可以用後天方式改變的。他說：「人行事施予，以利之為心，則越人易和；以害之為心，則父子離且怨。」這就是用互利心代替自利害人之心的道理。

文段六中，作者以鄭人買履的寓言意在諷刺寧肯守舊也不願嘗試改革實驗的保守派人物。

文段七中，宋、楚之戰是軍力的較量，不講誰是師出有名的仁義之師，強者勝，弱者敗亡。宋襄公不諳此道、迂拘固執地堅持舊的原則，等待對方渡河後列好陣再戰，且不聽取右司馬購彊的半渡而擊、未列陣而出戰的正確作戰戰術，結果一戰即潰，且身受重傷，宋國從此衰亡，留下千古笑柄。宋襄公實行仁義而失敗的戰例，說明不同的時代、不同的環境應當採用不同的戰略、策略來進行戰爭，採用不同的治國方略來治理國家，不能墨守成規，因循守舊。

文段八是「說五」中的一個寓言，其用意在諷刺不懂任勢的君主，只知事必躬親，不善於馭下，其結果必然是勞而無功。

文段九所講曾子不欺子的故事，旨在説明立信立德為做人本分。曾子不欺子，很多人做不到，往往以小事為由，輕諾無信，不能兑現。用機心待人，失掉了信譽；用機心教子，便是教子騙人。一個家長謊話講多了，潛移默化、積久成習，害了孩子、毀了家庭，於家長也是有百害無一利，這不僅做家長的應引為戒，做君主的更應當處處時時立信立德，取信於民，國家才能長治久安。

一

楚王謂田鳩曰[1]：「墨子者[2]，顯學也[3]。其身體則可，其言多而不辯[4]，何也？」曰：「昔秦伯嫁其女於晉公子[5]，令晉為之飾裝，從衣文之媵七十人[6]。至晉，晉人愛其妾而賤公女。此可謂善嫁妾，而未可謂善嫁女也。楚人有賣其珠於鄭者[7]，為木蘭之櫝[8]，薰以桂椒[9]，綴以珠玉，飾以玫瑰[10]，輯以翡翠[11]。鄭人買其櫝而還其珠。此可謂善賣櫝矣，未可謂善鬻珠也[12]。今世之談也，皆道辯説文辭之言[13]，人主覽其文而忘有用。墨子之説，傳先王之道，論聖人之言，以宣告人。若辯其辭[14]，則恐人懷其文忘其直[15]，以文害用也。此與楚人鬻珠、秦伯嫁女同類，故其言多不辯。」

注釋

1 田鳩：即田俅，戰國時齊國人，墨家人物。

2 墨子：指墨翟，戰國初期魯國人，曾做過宋國大夫，善木工，墨家學派的創始人。

3 顯學：聲名顯赫的學派。

4 身體：親自體驗實踐。辯：有口才，說話動聽。

5 秦伯：秦國君主。秦國國君始封時爵位是伯，故又稱秦伯。公子：諸侯的兒子，除太子外，都稱公子。

6 文：指彩色華麗的衣服。媵（粵：認；普：yìng）：陪嫁的妾。

7 鄭：鄭國。

8 木蘭：樹名，皮有香氣，木質優良。櫝：匣子。

9 桂椒：肉桂和花椒，是兩種香料。

10 玫瑰：紅色的玉。

11 輯：聚。翡翠：綠色的玉。

12 鬻（粵：育；普：yù）：賣。

13 辯說文辭：動聽漂亮的話。

14 辯其辭：修飾美化它的文辭。

15 直：價值。

譯文

楚王對田鳩說：「墨子是當今赫赫有名的學者。他的親身實踐還算可以，他的話講得很多，但是不動聽，這是甚麼原因呢？」田鳩回答說：「從前，秦伯把他的女兒嫁給晉國公子，讓晉國為他的女兒辦置妝飾，跟隨陪嫁的女子有七十人，她們的衣着都很華麗。到了晉國，晉國人反而喜歡陪嫁的妾，而看不起秦伯的女兒。這可以說是善於嫁妾，卻不能說是善於嫁女啊！有個楚國人到鄭國去賣他的寶珠。他用名貴的木蘭香木做了一個精美的匣子，用桂、椒一類香料薰烤它，用珠玉點綴它，用玫瑰裝飾它，用翡翠襯托它。鄭國人只買了他的匣子，卻退還了寶珠。這可以說是善於賣匣子，卻不能說是善於賣寶珠啊！當今世人的言談，說的盡是些華麗動聽的辭令，君主往往只欣賞言辭的華美，卻忽視了它的實用價值。墨子的學說，是傳授先王治國的辦法，闡述聖人的言論，並把它宣告於天下人。假如只想使言辭動聽，那恐怕人們就會只追求言辭華美而忽視它的實用價值，因為言辭而損害了實用。這跟楚人賣珠和秦伯嫁女是同一個道理，所以墨子講的話雖然很多，但是不動聽。」

賞析與點評

孔子云：「文質彬彬，然後君子」、「言之無文，行之不遠」，即如食物之色、香、味，商品之包裝，亦不可遇於不講也。

二

兒說[1]，宋人，善辯者也[2]，持「白馬非馬也」服齊稷下之辯者[3]。乘白馬而過關，則顧白馬之賦[4]。故籍之虛辭[5]，則能勝一國；考實按形，不能謾於一人[6]。

注釋

1 兒說：一作「倪悅」，戰國時宋國人，名家人物，活動年代約在齊宣王時。

2 善辯：善於辯說。

3 白馬非馬：指「白馬不是馬」的命題。名家的這個命題大體上是這樣論證的：「馬」與「白」是兩個概念，「馬」講形狀，「白」講顏色，「白馬」是兩個概念的複合，不同於單純一個概念的「馬」。（陳耀南按：他們只着重一般與個別的差異，而故意放下了一般與個別的聯繫，）個別就包括在一般之中的道理。服：說服。稷下：地名，齊國聚眾講學的地方，在都城臨淄稷門外。

4 顧：通「僱」，酬報，交納。賦：稅。

5 籍：通「藉」，憑藉。

6 謾（粵：慢；普：màn）：欺騙。

譯文

兒說是宋國人，是個善於辯說的學者。他曾經提出「白馬不是馬」的命題征服了稷下的辯說家們。他有一次騎着白馬過關口，終究得交納白馬稅。所以，憑藉虛浮言辭，他可以壓倒一個國家能言善辯的人；考察實際情形，他卻連一個人也欺騙不了。

三

夫新砥礪殺矢[1]，彀弩而射[2]，雖冥而妄發[3]，其端未嘗不中秋毫也[4]，然而莫能復其處，不可謂善射，無常儀的也[5]。設五寸之的，引十步之遠[6]，非羿、逢蒙不能必全者[7]，有常儀的也。有度難而無度易也。有常儀的，則羿、逢蒙以五寸為巧；無常儀的，則以妄發而中秋毫為拙。故無度而應之，則辯士繁說；設度而持之，雖知者猶畏失也[8]，不敢妄言。今人主聽說，不應之以度而說其辯；不度以功，譽其行而不入關[9]。此人主所以長欺，而說者所以長養也。

注釋

1 砥礪：磨。殺矢：打獵用的箭。

2 彀（粵：究；普：gòu）：張。弩：一種利用機械力量發射箭的弓。

3 冥：通「瞑」，閉眼。妄：亂。

4 秋毫：秋天時鳥獸新生的細毛，比喻極端細小的東西。

5 常儀：固定的目標。儀，標準。的：箭靶。

6 引：拉弓弦發箭。步：古代長度計算單位，一步為六尺。

7 羿：古代傳說中的射箭能手。逢蒙：傳說是羿的徒弟，射箭能手。

8 知：同「智」。

9 入闗：符合一定準則的意思。

譯文

用新磨出的利箭，張滿弓弩發射出去，即使閉着眼睛胡亂發射，箭頭沒有不射中細小東西的。然而如果他不能兩次射中同一地方，就不能認為他善於射箭，因為沒有固定的箭靶作目標。設置一個直徑五寸的箭靶，射程只有十步那麼遠，不是后羿和逢蒙這樣的射箭能手，就不一定能全部射中，因為已有固定的箭靶作為目標。設靶射箭是困難的，無靶射箭是容易的。有固定的箭靶作為目標，人們會把后羿和逢蒙射中直徑五寸的靶子視為精巧；沒有固定的箭靶作為目標，人們會把亂射射中細小的東西認作笨拙。所以，沒有一定的標準加以衡量的話，辯士們就會用繁言巧語進說；設置一定的標準加以衡量的話，即便是很有智慧的人也怕言辭有失，不敢亂說。現在君主聽取言論，不是用一定的標準去衡量，而是喜歡他們動聽的言辭；不是用功效去衡量，而是讚賞他們的行為，不問是否合乎準則。這是君主長期受欺騙，而遊說的人長期被供養的原因。

四

客有為齊王畫者，齊王問曰：「畫孰最難者[1]？」曰：「犬、馬最難。」「孰易者？」曰：「鬼魅最易[2]。」夫犬、馬，人所知也，旦暮罄於前[3]，不可類之[4]，故難。鬼魅，無形者，不罄於前，故易之也。

注釋

1 孰：誰，甚麼。
2 鬼魅：鬼怪。
3 旦暮：早晚，引申為經常。罄（粵：慶；普：qìng）：顯現。
4 類：類似，相像。

譯文

有個替齊王畫畫的客人，齊王問道：「畫甚麼最難？」客人說：「畫犬、馬最難。」「畫甚麼容易？」客人說：「畫鬼怪容易。」犬、馬是人們都知道的，天天在人們的面前出現，不可能畫得很像，所以難；鬼怪是無形的東西，不會在人們面前出現，所以畫起來很容易。

賞析與點評

俗語謂：「畫鬼容易畫馬難。」其理在此。

五

人為嬰兒也，父母養之簡[1]，子長而怨；子盛壯成人，其供養薄，父母怨而誚之[2]。子、父，至親也，而或誚或怨者，皆挾相為而不周於為己也。夫買庸而播耕者[3]，主人費家而美食，調錢布而求易者[4]，非愛庸客也，曰：「如是，耕者且深，耨者熟耘也[5]。」庸客致力而疾耘耕者，盡巧而正畦埒陌者[6]，非愛主人也，曰：「如是，羹且美，錢布且易云也[7]。」此其養功力，有父子之澤矣，而心調於用者，皆挾自為心也。故人行事施予，以利之為心，則越人易和[8]；以害之為心，則父子離且怨[9]。

注釋

1 簡：簡慢，馬虎。

2 誚：責罵。

3 庸：通「傭」，僱工。

4 調：挑選。布：貨幣名稱。易：和悦。

5 耨（粵：neu⁶；普：nòu）：鋤草。熟：精細。耘：耘田，除草。

6 埒（粵：劣；普：liè）：田壟。陌：田間東西方向的道路。這裏泛指田埂。

7 易：和悦。云：有，得。

8 越人：指當時居住在東南濱海地區的越族人。這裏比喻關係疏遠的人。

9 離且怨：分離埋怨。且，又。

譯文

人在嬰兒時，父母對他撫養馬虎，兒子長大了就要埋怨父母；兒子長大成人，對父母的供養微薄，父母就要怒責兒子。父子是至親骨肉，但有時怒責，有時埋怨，都是因為懷着相互依賴的心理而又認為對方不能周到地照顧自己。僱傭工人來播種耕耘，主人花費家財準備美食，挑選好的錢幣作為報酬，使僱工滿意，並不是喜歡僱工，而是說：「這樣做，耕地的人才會耕得深，鋤草的人才會鋤得淨。」僱工賣力而快速地耘地耕田，使盡技巧整理畦埂，目的並不是愛主人，而是說：

「這樣做，飯菜才會豐美，得到錢幣才喜悦。」主人這樣供養僱工，愛惜勞力，有父子之間的恩惠，而僱工專心一意地工作，都是為自己打算。所以人們辦事給人好處，如果從對人有利處着想，那麼疏遠的人也喜悦和好；如果從對人有害處着想，那麼父子間也會分離並相互埋怨。

賞析與點評

老子云：「六親不和有孝慈」，古今中外，如此之例多矣！

六

鄭人有且置履者[1]，先自度其足而置之其坐[2]，至之市而忘操之。已得履，乃曰：「吾忘持度。」反歸取之[3]。及反，市罷，遂不得履。人曰：「何不試之以足？」曰：「寧信度，無自信也。」

注釋

1 且：將。置：置備，購買。履：鞋。

2 度：量。坐：座位。

3 反：同「返」。

譯文

鄭國有個打算買鞋的人，先量好自己腳的尺寸，然後隨手把尺子放在座位上，去趕集時卻忘了帶上。已經挑好了鞋，才說道：「我忘記帶尺子了。」於是返回家裏去取。等到再返回來時，集市已經散了，結果沒有買到鞋。有人說：「為甚麼不用腳試試？」他說：「我寧願相信尺子，不能相信自己的腳。」

七

宋襄公與楚人戰於涿谷上[1]。宋人既成列矣，楚人未及濟[2]。右司馬購彊趨而諫曰[3]：「楚人眾而宋人寡，請使楚人半涉未成列而擊之，必敗。」襄公曰：「寡人聞君子曰：『不重傷[4]，不擒二毛[5]，不推人於險，不迫人於厄，不鼓不成列。』

今楚未濟而擊之，害義。請使楚人畢涉成陣而後鼓士進之。」右司馬曰：「君不愛宋民，腹心不完[6]，特為義耳。」公曰：「不反列，且行法！」右司馬反列，楚人已成列撰陣矣[7]，公乃鼓之。宋人大敗，公傷股，三日而死。此乃慕自親仁義之禍。夫必恃人主之自躬親而後民聽從，是則將令人主耕以為食，服戰雁行也民乃肯耕戰[8]，則人主不泰危乎[9]？而人臣不泰安乎？

注釋

1 襄公：名茲父，春秋時宋國君主。戰於涿谷：當是《左傳》上記載的發生在前六三八年的泓水之戰。泓水位於今河南柘城北，涿谷當是泓水附近的一個地方。

2 未及濟：沒有完全過河。濟，渡，過河。

3 右司馬：古代官名，掌管軍政和軍事賦稅。購彊：人名，當是《左傳》中記載的公孫固的字。趨：快步走。

4 重：重複。

5 二毛：兩種顏色的毛髮，指頭髮、鬍子花白的人。

6 腹心：比喻國家的根本。完：保全。

7 撰：具，構成。

8 服戰：從事打仗。服，從事。

9 泰：太。

譯文

宋襄公和楚人在涿谷上作戰，宋人已經擺好了陣勢，楚人還沒有完全過河。宋右司馬購彊快步上前進言道：「敵眾我寡，請在楚人半渡、尚未擺好陣勢時出擊，一定能把他們打垮。」宋襄公說：「我聽君子說過：『不要傷害已經受了傷的人，不要俘獲年事已高的人，不要在別人危險時再推一把，不要在別人困迫時再逼他，不要進攻沒有擺好陣勢的敵軍。』現在楚軍沒有完全過河就去攻打，是有傷仁義的。還是等到楚人全部過了河，擺好陣勢，然後再擊鼓讓戰士們進攻吧。」右司馬說：「君王不愛惜宋國民眾，不保全國家根本，只不過是為了仁義的虛名罷了。」襄公說：「不快回到隊伍去，將按軍法處置！」右司馬回到隊伍時，楚人已經排好行列、擺好陣勢了，襄公這才擊鼓進攻。宋人大敗，宋襄公傷及大腿，三天後就死了。這就是追求親行仁義帶來的禍害。一定要依靠君主親自去幹，然後民眾才聽從，這就是要君主自己種田吃飯，自己排在隊伍裏打仗，然後民眾才肯從事耕戰。這樣一來，君主不是太危險了嗎？而臣子不是太安逸了嗎？

八

齊景公遊少海[1]，傳騎從中來謁曰[2]：「嬰疾甚[3]，且死[4]，恐公後之。」景公遽起[5]，傳騎又至。景公曰：「趨駕煩且之乘[6]，使騶子韓樞御之[7]。」行數百步，以騶為不疾，奪轡代之御[8]；可數百步[9]，以馬為不進，盡釋車而走。以煩且之良而騶子韓樞之巧，而以為不如下走也。

注釋

1 齊景公：名杵臼，春秋時齊國君主。少海：即渤海。

2 傳騎：驛使，負責傳遞公文和情報的人。中：指國都之中。謁：拜見。

3 嬰：指晏嬰，字平仲，齊景公的相。

4 且：將。

5 遽（粵：巨；普：jù）：急忙，立刻。

6 趨：趕快。煩且：一種良馬。乘：馬車。

7 騶（粵：鄒；普：zōu）子：掌馭馬駕車的官。韓樞：人名，駕馭馬車的能手。御：駕馭。

8 轡（粵：臂；普：pèi）：馬韁繩。

9 可：大約。

譯文

齊景公在渤海邊遊玩，驛使從國都跑來謁見說：「晏嬰病得很重，快要死了，恐怕您趕不上見他了。」景公立刻起身，又有驛使騎馬告急。景公說：「趕快套上千里馬煩且拉的車，叫馬車官韓樞駕車。」才跑了幾百步，景公認為韓樞趕得不快，奪過韁繩，代他駕車，又跑了幾百步路，景公認為馬不往前奔，就乾脆下車，自己向前奔跑。憑煩且這樣的好馬和車馬官韓樞這樣高超的駕馭本領，而齊景公竟會認為不如自己下車跑得快。

九

曾子之妻之市[1]，其子隨之而泣。其母曰：「女還[2]，顧反為女殺彘[3]。」適市來[4]，曾子欲捕彘殺之。妻止之曰：「特與嬰兒戲耳。」曾子曰：「嬰兒非與戲也。嬰兒非有知也，待父母而學者也，聽父母之教。今子欺之，是教子欺也。母欺子，子而不信其母，非以成教也。」遂烹彘也。

注釋

1 曾子：指曾參，春秋時魯國人，孔子的門徒。

2 女：同「汝」，你。

3 顧：與「返」同義。反：同「返」。彘（粵：自；普：zhì）：豬。

4 適市來：剛從集市上回來。適，剛才。

譯文

曾子的妻子上集市去，小兒子跟在後面哭喊。孩子母親說：「你回去，等我回來給你殺豬吃。」她去集市回來，曾子打算抓豬來殺。妻子阻止說：「不過是和小孩開玩笑罷了。」曾子說：「小孩可不是開玩笑的對象。小孩沒甚麼才智，要靠父母作出樣子才會跟着學，完全聽從父母的教誨。現在你欺騙了他，也就是教兒子學會騙人。做母親的欺騙孩子，孩子就不相信母親了，這不是教育兒子的方法。」於是就把豬殺掉煮了。

賞析與點評

「民無信不立」，孔子名言，輝耀千載。

外儲說左下

本篇導讀——

《外儲說左下》共六段「經」文和六組相應的「說」文（每組有幾個故事），分別說明嚴格執法、賞罰得當就不會產生私怨和私恩，馭臣之道在用勢和術，明君臣尊卑關係，堅決按法辦事杜絕請託，臣下應推薦人才，鼓勵忠言直諫等六方面問題。

所選文段一（出自「說二」），韓非提出了兩種對立的用人之道，一種是晉文公任命地方行政官員時，準備任命追隨他出亡的箕鄭，依據是他過去的表現，他在逃亡中寧肯自己捱餓，也為晉文公保全食物，他這樣的忠誠不會依靠地方背叛。這種用人的標準是基於個人過去的品德表現，出於君主個人感情。第二種用人之道是以大夫渾軒為代表，他直截了當反對晉文公的用人標準。他提出用人的基本原則不是根據品德，而是基於他不可能背叛。不可能背叛的措施就是嚴格的賞罰制度，使他有背叛之心而無背叛之力，憑感情用人不符合馭臣之術。

文段二（出自「説四」）的寓意在於説明循名責實，就會明白事情的真相，揭穿騙術。韓宣子不明白他的馬餵了很多豆穀飼料，還是很瘦。因為他不懂得循名責實，乏馭臣之術，口頭上講餵了很多飼料，而實際上給得很少，對這種名不副實的謊言，不去考察，只知坐在那裏擔憂，馬一定不會肥起來的，他將永遠被欺騙。

文段三（出自「説五」）所説「不植刺自己的樹」，韓非認為這是不合法的觀點。韓非講述陽虎培植三人欲為己黨，結果三人不為所用，他歎息自己不善於樹人。趙簡子提醒陽虎説：「樹枳棘者，成而刺人。故君子慎所樹。」韓非在「經五」中對趙簡子的話作了批判：「簡主之應人臣也失主術。朋黨相和，臣下得欲，則人主孤；群臣公舉，下不相和，則人主明。」就是説趙簡主的話違背法治原則，有失做臣下的為官之道。培植不刺自己的樹，就是培植順從自己的私黨，培養、推薦自己的黨羽，以牟取私黨之利，久而久之，便會危害國家利益，君主也從而被孤立起來。韓非所謂「失主術」，就是違背尊主的法治原則。

文段四（出自「説五」）提出大臣應秉公薦才，正直無私，盡臣子應盡本分，做到「外舉不避讎，內舉不避子」。無疑這是一種高尚無私的精神境界，它把對國家的負責和對人才的愛護有機地結合為一體，成為千古舉薦人才的美德。文中的趙武可説是為世人樹立了一個薦才的典範。

一（說二）

晉文公出亡[1]，箕鄭挈壺餐而從[2]，迷而失道，與公相失，飢而道泣，寢餓而不敢食[3]。及文公反國[4]，舉兵攻原[5]，克而拔之。文公曰：「夫輕忍飢餒之患而必全壺餐[6]，是將不以原叛。」乃舉以為原令。大夫渾軒聞而非之[7]，曰：「以不動壺餐之故，怙其不以原叛也[8]，不亦無術乎？」故明主者，不恃其不我叛也，恃吾不可叛也；不恃其不我欺也，恃吾不可欺也。

注釋

1 晉文公：名重耳，晉國君主，春秋五霸之一。亡：逃亡。

2 箕鄭：晉文公的大臣，曾任箕邑大夫。挈：提着。壺餐：指水和飯。

3 寢：通「寖」，逐漸。

4 反：同「返」，返回。

5 原：諸侯國名，位於今河南濟源西北。

6 飢餒：飢餓。患：禍害，引申為痛苦。

7 渾軒：人名。

8 怙（粵：戶；普：hù）：依靠。

譯文

晉文公出逃，流亡在外，箕鄭提着食物跟隨着。箕鄭迷失了道路，和文公走散了，餓得在路上哭，越來越餓，卻不敢吃掉食物。等到文公返晉國，起兵攻原國，攻克並佔領了它。文公說：「能不顧忍受飢餓的痛苦而堅持保全食物，這樣的人將不會憑藉原地叛變。」於是提拔箕鄭做原地的行政長官。大夫渾軒聽到後反對說：「以不動食物的緣故，信賴他不會憑藉原地叛變，不也是不講『術』嗎？」所以做明君的，不依靠別人不會背叛我，而要依靠不可能背叛我；不依靠別人不會欺騙我，而要依靠不可能欺騙我。

賞析與點評

所謂仁心善性，皆不可信靠，此韓非法家立說基本。

二（說四）

韓宣子曰[1]：「吾馬菽粟多矣[2]，甚臞[3]，何也？寡人患之。」周市對曰[4]：

「使騶盡粟以食[5]，雖無肥，不可得也。名為多與之，其實少，雖無臞，亦不可得也。主不審其情實[6]，坐而患之，馬猶不肥也。」

注釋

1 韓宣子：即韓起，春秋時晉國的卿。

2 菽粟：豆穀的總稱。這裏指餵馬的飼料。

3 臞（粵：瞿；普：qú）：消瘦。

4 周市：人名。

5 騶：養馬的人。食：餵養，拿東西給牲畜吃，名詞作動詞用。

6 審：詳細考察。

譯文

韓宣子說：「我的馬，豆穀飼料吃得很多，馬卻很瘦，為甚麼？我為此擔憂。」周市回答說：「讓養馬的人用充足的飼料去餵馬，即使不想讓牠肥，也是不可能的。號稱多給馬吃，實際上給得很少（都給人剋扣了），即使不想要牠瘦，那也是不可能的。君王不去考察實情，而坐在那裏擔憂，馬還是不會肥的。」

賞析與點評

層層剝削中飽，馬尚不堪，何況於民！

三（說五）

陽虎去齊走趙[1]，簡主問曰[2]：「吾聞子善樹人。」虎曰：「臣居魯，樹三人，皆為令尹[3]；及虎抵罪於魯[4]，皆搜索於虎也。臣居齊，薦三人，一人得近王[5]，一人為縣令[6]，一人為候吏[7]；及臣得罪，近王者不見臣，縣令者迎臣執縛[8]，候吏者追臣至境上，不及而止。虎不善樹人。」主俯而笑曰：「夫樹橘柚者[9]，食之則甘，嗅之則香；樹枳棘者[10]，成而刺人。故君子慎所樹。」

注釋

1 陽虎：魯卿季孫氏家臣，發動叛亂失敗後，先後奔齊、晉。去：離開。

2 簡主：即趙簡子。春秋末晉國執政的卿。

3 令尹：戰國時楚國最高的官職。這裏泛指高官。

4 抵罪：得罪。

5 王：春秋時齊國沒有稱王，這裏是用戰國時的名稱記述。

6 縣令：春秋時齊國稱邑宰，這裏是用戰國時的名稱記述。

7 候吏：防守邊疆的官員。

8 執縛：捉拿捆綁。

9 橘柚：常綠喬木。果實叫桔子、柚子，味甜酸，有香味。橘俗寫作桔。

10 枳：通稱枸橘，落葉灌木或喬木。果實小而成球形，可入藥。小枝多硬刺，又稱枳棘。

譯文

陽虎離開齊國逃奔趙地，趙簡子問道：「我聽說你善於栽培人。」陽虎說：「我在魯時，栽培過三個人，都做了令尹；等到我在魯獲罪，都來搜索我。我在齊時，推薦了三個人，一個人能接近國君，一個人做縣令，一個人做邊防官；等到我獲罪了，接近國君的不見我，做縣令的前來捉拿捆綁我，做邊防官的追我直到邊境，沒有追上才罷休。我不善於栽培人。」趙簡子低頭笑着說：「種植橘柚，吃起來是甜的，聞起來是香的；種植枳棘，長成後反而刺人。所以君子栽培人時要慎重選擇。」

賞析與點評

屈原《離騷》也有「芳草」、「蕭艾」之歎。但亦可謂，所樹者公而忘私，執法盡責。

四（說五）

中牟無令[1]。晉平公問趙武曰[2]：「中牟，吾國之股肱[3]，邯鄲之肩髀[4]。寡人欲得其良令也，誰使而可？」武曰：「邢伯子可[5]。」公曰：「非子之讎也？」曰：「私讎不入公門。」公又問曰：「中府之令[6]，誰使而可？」曰：「臣子可。」故曰：「外舉不避讎，內舉不避子。」趙武所薦四十六人，及武死，各就賓位，其無私德若此也。

平公問叔向曰：「群臣孰賢？」曰：「趙武。」公曰：「子黨於師人[7]。」向曰：「武立如不勝衣，言如不出口，然所舉士也數十人，皆令得其意，而公家甚賴之。況武子之生也不利於家，死不託於孤，臣敢以為賢也。」

注釋

1 令：縣令，縣一級的行政長官。

2 晉平公：名彪，春秋時晉國君主。趙武：又稱趙孟，即趙文子，晉平公時執政的卿。

3 股：大腿。肱（粵：轟；普：gōng）：胳膊。

4 邯鄲：晉國地名，位於今河北邯鄲西南。髀（粵：比；普：bì）：大腿，也指大腿骨。

5 邢伯子：疑即邢伯柳，曾任上黨守。

6 中府：內庫。

7 黨：結黨。師人：老師。這裏指老上級。

譯文

中牟沒有縣令。晉平公問趙武說：「中牟是我國的要地，邯鄲的重鎮。我想選用一個好縣令，派誰去好呢？」趙武說：「邢伯子可以。」平公說：「他不是你的仇人嗎？」趙武說：「私仇不涉及公事。」平公又問道：「內庫的主管，派誰行呢？」趙武說：「我的兒子就行。」所以說，舉薦外人不避開仇人，舉薦內部的人不避開兒子。趙武舉薦的四十六個人，到他死後，來弔唁時都坐在客位上，他就是這樣的不考慮個人恩德。

晉平公問叔向說：「群臣中誰賢能？」叔向說：「趙武賢能。」平公說：「你跟老上級結成私黨了。」叔向說：「趙武站立時好像連穿的衣服都負擔不了，講話時好像心裏有話不能出口，可是他舉薦的幾十個人，個個都發揮了自己才能，國事全依靠他們。趙武活着時不為自家謀取私利，死了又不將孤兒委託給他提拔的官吏，因此我敢說他賢能。」

賞析與點評

「外舉不避讎，內舉不避子」，千古名言，但上句真能之者極寡，以下句為藉口而用人唯親者則甚眾，人情如此，唯有民主共和之世，真正公平、公開、公正之道，可以濟之。

外儲說右上

本篇導讀——

《外儲說右上》包括首段三節「經」文和若干段分別相應的「說」文，發揮君主運用勢、術、法控制臣下的道理。「經一」和「說一」說明君主必須牢牢掌握權勢，對賞罰譽毀都不起作用的官吏要堅決剷除，把危險消除在萌芽狀態，使官吏置於君主的絕對控制之下。「經二」和「說二」說明君主必須掌握術，做到「六慎」和獨斷，防止奸臣鑽空子。「經三」和「說三」說明君主實行法治，做到「信賞必罰」、「不避權貴」，一切按法辦事，堅決清除混在朝內的權奸之臣。

本文所選文段一（出自「經一說一」）：通過子路施粥事件，說明賞賜權不能由臣下代替君主施行的道理，認為用君主的權勢去禁止權臣爭取民眾的越軌行為，就必定不會出現臣下劫殺君主的禍患。

文段二（出自「說二」）引用了申子論無為之術。韓非的馭臣之術與此無為之術是一脈相承的。韓非認為，君臣關係是利與害的關係，所以，君臣雙方都窺測對方的一言一行及動向，以便及時採取應變對策，以防落入對方陷阱。君主只有使用無為之術，才可以全方位觀察臣下，而臣下卻無以窺測到君主的好惡與意圖。由此可見，無為之術堪稱帝王之術。

文段三（出自「說二」）講韓昭侯不漏言，意在說明君主馭臣之術，並且指出君主向臣下洩漏不當講的話，會危害君主自身。

文段四（出自「說三」）裏以「猛狗」、「社鼠」為借喻，說明君主掌握權勢就必須重用法術之士，排除像「猛狗」、「社鼠」一樣的權臣。國有權臣，猶如酒店有猛狗把門，咬跑了治國能臣。酒店無人光顧，酒就變酸，國無能臣治理，朝政就荒廢，君主就被蒙蔽受挾持。國有弄權的侍臣，猶如社坊裏的鼠輩，在君主保護傘下無惡不作，對外弄權謀私，榨取民眾利益，對內結成死黨，操縱法令，隱瞞罪惡。如此猛狗當道，群鼠結黨營私，挾制君主，橫行朝野，攫取了權勢，君主被駕空，臣民被控制，禍國殃民。所以，韓非十分感歎地說：「如此，主焉得無壅，國焉得無亡乎？」

文段五（出自「說三」）所講是楚莊王嚴禁太子犯法的故事。故事中，楚莊王的一席教訓，正是以法治國之道，更顯出那位執法者凌然正氣和法不阿貴的精神。

文段六（出自「說三」），作者以蔡婆比喻把持朝政的權臣。蔡婆在衞嗣君家中把持了家政，即使是兒子和母親商定的事，還要由蔡婆再來決定。國家如有這樣操縱權力的人存在，足以行私。權臣行私，是可以任意在法外胡作非為。所以韓非說：「繩之外與法之內，讎也，不相受也。」繩，就是準繩，就是法律。能夠不按法辦事的人就是特權人物，身居要職，蒙蔽君主，左右朝政，他們就是故事中蔡婆式的人物。法之內就是以法辦事，維護法制。以法辦事的人與違法橫行的人是對立的，不可能相容，所以說是「讎也」。

文段七（出自「説三」）講吳起之妻兩次織帶都不合要求，並且拒不接受返工改織，於是吳起作出了嚴厲制裁——休妻，體現了吳起執法必嚴的法制思想。故事的本旨在於以小寓大，以家喻國，體現的是一個法治思想。

在文段八（出自「説三」）中，作者指出晉文公稱霸的根本原因，是以法治國，信賞必罰，取信於民。晉文公向大臣狐子請教如何讓民眾服從命令，不得不去打仗的辦法時，狐子說：「信賞必罰，其足以戰。」又問賞罰的最高原則是甚麼，狐子又說：「不避親貴，法及所愛。」為此，晉文公將違反軍法的功臣顛頡處死，來向百姓昭示信賞必罰、不避親貴、法及所愛的法治原則。這種軍令如山，執法無私的威懾力，使百姓折服，百官畏懼，使他們不得不服從號令，不得不去應徵作戰，作戰時又不得不拚死盡力，爭立戰功。民眾可用，便成就了晉文公霸業。

一（經一說一）

季孫相魯[1]，子路為郈令[2]。魯以五月起眾為長溝，當此之時，子路以其私秩粟為漿飯[3]，要作溝者於五父之衢而飡之[4]。孔子聞之，使子貢往覆其飯[5]，擊毀其器，曰：「魯君有民，子奚為乃飡之[6]？」子路怫然怒[7]，攘肱而入[8]，請曰：「夫子疾由之為仁義乎[9]？所學於夫子者，仁義也；仁義者，與天下共其所有而同其利者也。今以由之秩粟而飡民，其不可何也？」孔子曰：「由之野也[10]！吾以女知之[11]，女徒未及也。女故如是之不知禮也[12]！女之飡之，為愛之也。夫禮，天子愛天下，諸侯愛境內，大夫愛官職，士愛其家，過其所愛曰侵。今魯君有民而子擅愛之，是子侵也，不亦誣乎[13]！」言未卒，而季孫使者至，讓曰[14]：「肥也起民而使之[15]，先生使弟子止徒役而飡之，將奪肥之民耶？」孔子駕而去魯。以孔子之賢，而季孫非魯君也，以人臣之資，假人主之術[16]。蚤禁於未形，而子路不得行其私惠，而害不得生，況人主乎！以景公之勢而禁田常之侵也，則必無劫弒之患矣。

注釋

1 季孫：指季康子，名肥，春秋末期魯國執政的卿。

2 子路：又稱季路，即仲由，春秋時魯國人，孔丘的門徒。郈：魯國地名，叔孫的封邑，位於今山東東平東南。令：縣邑的長官。春秋時魯國稱宰，這裏是用戰國的名稱。

3 秩粟：指按官職品級得到的糧食。秩，職位，品級。漿飯：稀飯。

4 五父之衢（粵：渠；普：qú）：一條交通大道，在魯國都城曲阜東南。衢，大路。飡：同「餐」。

5 子貢：姓端木，名賜，春秋時衞國人，孔丘的門徒。覆：倒掉。

6 奚為：為甚麼。

7 怫（粵：肺；普：fú）然：忿怒的樣子。

8 攘肱：捲起袖子露出胳膊。肱，胳膊。

9 夫子：對孔丘的尊稱。疾：恨。由：子路自稱。

10 野：粗野，指不懂禮。

11 女：同「汝」。

12 故：通「固」，原來。

13 誣：妄為。

14 讓：責備。

15 肥：季孫自稱。

16 假：借。

譯文

季孫做魯相，子路做郈邑的長官。魯國在五月份發動民眾開挖長溝，在開工期間，子路用自己的俸糧做成粥，讓挖溝的人到五父路上來吃。孔子聽說後，叫子貢去倒掉他的粥，砸爛盛飯的器皿，說：「這些民眾是屬於魯君的，你幹嗎要給他們飯吃？」子路勃然大怒，握拳捋袖走進來，質問說：「先生憎恨我施行仁義嗎？我從先生那裏學到的，就是仁義；所謂仁義，就是與天下的人共同享有自己的東西，共同享受自己的利益。現在用我自己的俸糧去供養民工，為甚麼不行？」孔子說：「子路好粗野啊！我以為你懂了，你竟還不懂。你原來是這樣的不懂得禮！你供養民工，是愛他們。禮法規定，天子愛天下，諸侯愛國境以內的民眾，大夫愛官職所轄，士人愛自己的家人，越過應愛的範圍就叫冒犯。現在對於魯君統治下的民眾，你卻擅自去愛，這是你在侵權，不也屬膽大妄為嗎！」話沒說完，季孫的使者就到了，責備說：「我發動民眾而差使他們，先生讓弟子制止民工服役並給他們飯吃，是想奪取我的民眾嗎？」孔子駕車離開了魯國。以孔子的賢明，而季孫又不是魯君，對於以臣子的身份，借用君主的權術，能在危害還沒有形成之前就及早杜絕，使子路不能施行個人的恩惠，使危害不致發生，何況是君主呢？用齊景公的權勢去禁止田常爭取民眾的越軌行為，那就必定不會出現被劫殺的禍患了。

賞析與點評

世道人情，微妙而險，韓非自幼長於複雜政治環境，敏感而好學，卒之成就此書。

二（說二）

申子曰[1]：「上明見[2]，人備之；其不明見，人惑之。其知見，人飾之；不知見，人匿之。其無欲見，人司之[3]；其有欲見，人餌之。故曰：吾無從知之，惟無為可以規之[4]。」

注釋

1 申子：指申不害，曾任韓昭侯的相，法家代表人物，主張用術駕馭臣下。

2 明：明察。見：同「現」，顯露。

3 司：通「伺」，偵察，探測。

4 惟：只有。無為：原是老子的政治主張，也是對宇宙狀態的一種概括。申不害改造了老子的無為思想，建立了「術」的理論，有不露聲色順應自然來控制對方等用意，是進行統治的一種手段。規：通「窺」。

譯文

申不害說：「君主的明察如果顯露出來，人們就會防備他；君主的糊塗如果顯露出來，人們就會迷惑他。君主的智慧如果顯露出來，人們就會美化他；君主的愚蠢如果顯露出來，人們就會蒙蔽他。君主沒有慾望顯露出來，人們就會探測他；君主有慾望顯露出來，人們就要引誘他。所以說，我沒有辦法知道其中奧妙，只有無為可以窺測它的端倪。」

三（說二）

堂谿公謂昭侯曰[1]：「今有千金之玉卮[2]，通而無當，可以盛水乎？」昭侯曰：「不可。」「有瓦器而不漏，可以盛酒乎？」昭侯曰：「可。」對曰：「夫瓦器，至賤也，不漏，可以盛酒。雖有乎千金之玉卮，至貴而無當，漏，不可盛水，則人孰注漿哉？今為人之主而漏其群臣之語，是猶無當之玉卮也。雖有聖智，莫盡其術，為其漏也。」昭侯曰：「然。」昭侯聞堂谿公之言，自此之後，欲發天下之大事，未嘗不獨寢，恐夢言而使人知其謀也。

申子曰：「獨視者謂明，獨聽者謂聰；能獨斷者，故可以為天下主。」

注釋

1 堂谿公：春秋末期楚國所封的一個吳國逃亡貴族。這裏所記的堂谿公，當是這個貴族後代。昭侯：指韓昭侯，戰國中期韓國君主。

2 卮（粵：支；普：zhī）：酒器。

譯文

堂谿公對韓昭侯說：「假如有個價值千金的玉杯，上下貫通沒有底子，可以用來盛水嗎？」昭侯說：「不可以。」「有陶器不漏水，可以用來盛酒嗎？」昭侯說：「可以。」堂谿公說：「陶器是最不值錢的，如果不漏，就可用它盛酒。雖然有價值千金的玉杯，最值錢，但沒有底，不能盛水，那麼還有甚麼人往裏面倒好酒呢？現在貴為人君而洩漏群臣言論，這就好像沒有底的玉杯一樣。臣下雖有極高的智慧，也不肯向君主獻出自己的謀略，因為怕它被洩露出去。」昭侯說：「對。」昭侯聽了堂谿公的話，從這以後，想對天下採取大的行動，沒有不是單獨睡覺的，唯恐說夢話而讓別人知道計謀。

申不害說：「能獨自觀察問題叫明，能獨自聽取意見叫聰；能獨自決斷的人，就可以做天下的王。」

賞析與點評

此亦獨裁者之悲哀代價。

四（說三）

宋人有酤酒者[1]，升概甚平[2]，遇客甚謹[3]，為酒甚美，縣幟甚高[4]，然而不售，酒酸。怪其故，問其所知。問長者楊倩[5]，倩曰：「汝狗猛耶？」曰：「狗猛則酒何故而不售？」曰：「人畏焉。或令孺子懷錢挈壺甕而往酤[6]，而狗迓而齕之[7]，此酒所以酸而不售也。」夫國亦有狗，有道之士懷其術而欲以明萬乘之主，大臣為猛狗迎而齕之，此人主之所以蔽脅[8]，而有道之士所以不用也。

故桓公問管仲曰[9]：「治國最奚患[10]？」對曰：「最患社鼠矣[11]。」公曰：「何患社鼠哉？」對曰：「君亦見夫為社者乎？樹木而塗之，鼠穿其間，掘穴托其中。熏之，則恐焚木；灌之，則恐塗阤[12]：此社鼠之所以不得也。今人君之左右，出則為勢重而收利於民，入則比周而蔽惡於君[13]。內間主之情以告外[14]，外內為重[15]，諸臣百吏以為富。吏不誅則亂法，誅之則君不安，據而有之，此亦國之社鼠也。」故人臣執柄而擅禁[16]，明為己者必利，而不為己者必害，此亦猛狗也。夫大臣為猛狗而齕有道之士矣，左右又為社鼠而間主之情，人主不覺。如此，主焉得無壅[17]，國焉得無亡乎？

注釋

1 酤（粵：沽；普：gū）：買賣。這裏指賣。

2 升概甚平：指量酒公平。升，量具。這裏指量酒器具。概，刮平升斗的小木棍。

3 遇：對待，招待。謹：殷勤，恭敬。

4 縣：同「懸」。幟：酒旗。

5 楊倩：人名。

6 或：有人。孺子：小孩子，兒童。挈（粵：揭；普：qiè）：提，拿。甕：盛酒的瓦器。酤：這裏指買。

7 迓（粵：訝；普：yà）：迎。齕（粵：瞎；普：hé）：咬。

8 蔽脅：蒙蔽和挾持。

9 桓公：指齊桓公，名小白，春秋五霸之一。管仲：名夷吾，齊桓公的相。

10 奚患：禍患是甚麼。

11 社：祭土地神的壇。

12 阤：剝落。

13 比周：植黨營私，緊密勾結。

14 間：窺測，刺探。

15 外內為重：內外勾結，相互依靠而增強權勢。

16 執柄：掌握權勢。擅禁：操縱法令。

17 壅：閉塞。

譯文

宋國有一個賣酒的人，量足價公，待客殷勤，酒味醇美，酒旗掛得又高，但卻賣不出去，酒都變酸了。他對此感到詫異，不知原因何在，就去問他熟悉的人。問地方長老楊倩，楊倩說：「你養的狗兇嗎？」他說：「狗兇。可是酒為甚麼就賣不出去呢？」楊倩說：「人們怕狗呀。有人讓小孩子揣着錢拿着壺罐去買酒，猛狗卻迎上來咬他。這就是酒變酸而賣不出去的原因。」國家也有猛狗。法術之士懷有治國的策略，想使大國的君主明察起來，大臣卻像猛狗一樣迎上去亂咬，這也就是君主被蒙蔽和挾持，而法術之士不能受到重用的原因所在。

齊桓公問管仲：「治理國家最怕甚麼？」管仲回答說：「最怕社壇裏的老鼠呀。」桓公說：「幹嗎要怕社壇裏的老鼠呢？」管仲回答說：「您看見過那些做社壇的人嗎？把木頭樹起來，塗上泥巴；老鼠咬穿了木頭，挖洞藏身在裏面，用煙火熏牠吧，怕木椿燒起來；用水灌吧，又怕塗上的泥巴掉下來：這就是捉不到社鼠的原因。現在君主身邊的近侍，在朝廷外就賣弄權勢，從民眾那裏榨取利益；在朝廷內就緊密勾結，在君主面前隱瞞罪惡。在宮內刺探君主的情況，告訴宮外的同黨，內外勾結助長權勢，一些官僚以此富貴。不誅殺他們，國法就要受到擾亂；誅殺他們，君主就不得安寧。他們控制着君主，也就是國家的社鼠啊。」所以臣子掌握權勢，操縱法令，向人表明：為他賣力的人必有好處，不為他賣力的人必有禍患。這也就是猛狗。大臣既像猛狗一樣迫害法術之士，左右近侍又像社鼠一樣刺探君主內情，而君主卻不能察覺。這樣，君主怎能不受矇騙，國家怎能不衰亡呢？

賞析與點評

俗言云：「宰相門房七品官」，又曰：「閻王好見，小鬼難當」，世情古今如此，此所以現代大機構管理者即第一線接待外人者，亦必慎選而培訓之也。

五（說三）

荊莊王有茅門之法曰[1]：「群臣大夫諸公子入朝，馬蹄踐霤者[2]，廷理斬其輈[3]，戮其御[4]。」於是太子入朝，馬蹄踐霤，廷理斬其輈，戮其御。太子怒，入為王泣曰：「為我誅戮廷理。」王曰：「法者，所以敬宗廟[5]，尊社稷[6]。故能立法從令尊敬社稷者，社稷之臣也，焉可誅也？夫犯法廢令不尊敬社稷者，是臣乘君而下尚校也[7]。臣乘君，則主失威；下尚校，則上位危。威失位危，社稷不守，吾將何以遺子孫？」於是太子乃還走，避舍露宿三日[8]，北面再拜請死罪[9]。

注釋

1 荊莊王：即楚莊王，名侶，春秋五霸之一。楚開始建國於荊山一帶，故又稱荊。茅門之法：關於外朝的規矩。茅門，即雉門。古代諸侯宮室有三道大門，即庫門、雉門、路門。茅門是第二道門，門前為外朝的地方。（陳耀南按：層層警衞，以策君主安全。）

2 踐：踏到。霤（粵：陋；普：liù）：屋簷下滴水的地方。

3 廷理：執法的官。輈（粵：舟；普：zhōu）：車轅。

4 御：駕車的人。

5 宗廟：祖宗的神廟，安置祖宗神主和祭祀的地方。

6 **社稷**：象徵國家。社，土地神。稷，穀神。

7 **乘**：淩駕。下尚校：臣下侵犯君主。尚，上。校，較量，引申為侵犯。

8 **避舍**：離開居住的房屋，表示服罪。

9 **北面**：古代君主朝會時面南而立，朝拜者面向北。**請死罪**：請給予死罪。

譯文

楚莊王外朝法規規定：「群臣、大夫、諸公子入朝，有馬蹄踏到屋簷下滴水處的，執法官砍斷他的車轅，殺掉他的車夫。」這期間太子入朝，馬蹄踩到屋簷下滴水的地方，執法官砍斷他的車轅，殺了他的車夫。太子發怒了，進去向莊王哭泣道：「替我報仇，殺了執法官。」莊王說：「法是用來敬宗廟，尊社稷的。能確保法制，遵從法令，尊敬社稷的，是國家的有功之臣，怎麼可以誅殺呢？違犯法制，廢除法令，不尊敬社稷的，是臣下淩駕君主之上，臣下侵犯君主。臣下淩駕君主之上，君主就失去威勢；臣下侵犯君主，君主的地位就危險。威勢失去，地位危險，國家不能保存，我將拿甚麼傳給子孫？」於是太子轉身跑走，躲避到外面露宿了三天，面北一再拜請給予死罪。

六（說三）

衛嗣君謂薄疑曰[1]：「子小寡人之國以為不足仕[2]，則寡人力能仕子[3]，請進爵以子為上卿[4]。」乃進田萬頃。薄子曰：「疑之母，親疑[5]；以疑為能相萬乘所不窕也[6]。然疑家巫有蔡嫗者[7]，疑母甚愛信之，屬之家事焉。疑智足以信言家事，疑母盡以聽疑也，然已與疑言者，亦必復決之於蔡嫗也。故論疑之智能，以疑為能相萬乘而不窕也；論其親，則子母之間也；然猶不免議之於蔡嫗也。今疑之於人主也，非子母之親也，而人主皆有蔡嫗。人主之蔡嫗，必其重人也[8]。重人者，能行私者也。夫行私者，繩之外也[9]；而疑之所言，法之內也。繩之外與法之內，仇也，不相受也。」

注釋

1 薄疑：人名，曾在趙國和衛國做官。

2 小：小看。不足仕：不值得做官。

3 仕子：給你做官。

4 上卿：最高一級的卿，同相。

5 疑：薄疑自稱。親：愛。

6 相萬乘：做大國的相。所：用法和「而」字相同。不窕：有餘力的意思。窕，不充滿。

7 巫：判斷吉凶的家庭巫婆。蔡嫗：姓蔡的老婦人。

8 重人：握有權勢的人。

9 繩：木匠用的墨線，比喻法度。

譯文

衞嗣君對薄疑説：「你嫌我國家小，以為不值得做官，我可是有能力滿足你做官的要求，讓你進爵做上卿。」於是，就給了薄疑一萬頃土地。薄疑説：「我的母親愛我，認為我能做到大國的相還有餘力。但我家有個姓蔡會占卜的婆婆，我母親非常喜愛並聽信她，把家政都委託給她。我的智慧足以決斷家事，我的母親也完全聽信我。然而母親已經和我商量過的事，還要由蔡婆再來決定。所以要説我的智慧才能，母親認為我能做大國的相還有餘力；要説親密關係，則是母子無間。即使這樣，母親還是不免要和蔡婆商量。現在我和君主，沒有母子之間的親密關係，而君主身邊卻都是蔡婆之類的人物。君主身邊的蔡婆，一定是握有權勢的人。握有權勢的人是能夠行私的人。那些行私的人，是可以任意在法外胡作非為；而我講的，則是按法辦事。非法與合法，是完全對立的，是不能相容的。」

七（說三）

吳起[1]，衛左氏中人也[2]，使其妻織組而幅狹於度[3]。吳子使更之，其妻曰：「諾[4]。」及成，復度之[5]，果不中度[6]，吳子大怒。其妻對曰：「吾始經之而不可更也[7]。」吳子出之[8]。其妻請其兄而索入。其兄曰：「吳子，為法者也。其為法也，且欲以與萬乘致功，必先踐之妻妾，然後行之，子毋幾索入矣[9]。」其妻之弟又重於衛君，乃因以衛君之重請吳子。吳子不聽，遂去衛而入荊也[10]。

注釋

1 吳起：戰國初期衛國人，法家代表人物，傑出的軍事家。

2 左氏：衛國邑名，位於今山東曹縣西北。中：鄉名或里名。

3 組：絲織的帶。幅：寬度。狹於度：比要求的尺度窄。

4 諾：表示同意的回答。

5 度：量。

6 **不中度**：不符合要求的尺度。

7 **經**：經線，拴在織布機上的豎線，編織物的縱線。

8 **出**：休妻。

9 **毋**：不要。**幾**：通「冀」，希望。

10 **去**：離開。**荊**：楚國的別名。

譯文

吳起是衞國左氏邑中鄉人，讓他妻子織絲帶，結果幅度比要求的尺度窄。吳起讓她改一下，妻子說：「行。」等到織成，又量了量，結果還是不符合尺度，吳起非常生氣。他妻子回答說：「我開頭就把經線確定好了，不可以更改了。」吳起休掉了她。吳起妻子讓哥哥去請求回去。她哥哥說：「吳起是制定法令的人，他制定法令，是想用來為大國建立功業。他必須首先在自己妻妾身上兑現，然後才能推行起來，你不要指望回去了。」吳起妻子的弟弟受衞君重用，企圖憑着國君器重的身份去請求吳起。吳起不聽，便離開衞國到楚國去了。

八（說三）

晉文公問於狐偃曰[1]：「寡人甘肥周於堂[2]，卮酒豆肉集於宮[3]，壺酒不清，生肉不布[4]，殺一牛遍於國中，一歲之功盡以衣士卒，其足以戰民乎？」狐子曰：「不足。」文公曰：「吾弛關市之征而緩刑罰，其足以戰民乎？」狐子曰：「不足。」文公曰：「吾民之有喪資者，寡人親使郎中視事，有罪者赦之，貧窮不足者與之，其足以戰民乎？」狐子對曰：「不足。此皆所以慎產也[5]；而戰之者，殺之也。民之從公也，為慎產也，公因而迎殺之，失所以為從公矣。」曰：「然則何如足以戰民乎？」狐子對曰：「令無得不戰。」公曰：「無得不戰奈何？」狐子對曰：「信賞必罰[6]，其足以戰。」公曰：「刑罰之極安至？」對曰：「不辟親貴[7]，法及所愛。」文公曰：「善。」明日令田於圃陸[8]，期以日中為期，後期者行軍法焉。於是公有所愛者曰顛頡後期[9]，吏請其罪，文公隕涕而憂[10]。吏曰：「請用事焉。」遂斬顛頡之脊，以徇百姓[11]，以明法之信也。而後百姓皆懼曰：「君於顛頡之貴重如彼甚也，而君猶行法焉，況於我則何有矣。」文公見民之可戰也，於是遂興兵伐原[12]，克之。伐衛，東其畝[13]，取五鹿[14]。攻陽[15]。勝虢[16]。伐曹[17]。南圍鄭，反之陴[18]。罷宋圍[19]。還與荊人戰城濮[20]，大敗荊人。返為踐土之盟[21]，遂成衡雍之義[22]。一舉而八有功。所以然者，無他故異物，從狐偃之謀，假顛頡之脊也。

注釋

1 狐偃（粵：jin^2，普：yǎn）：字子犯，晉文公的舅父，又叫舅犯。他曾幫助晉文公建成霸業。

2 甘肥：甜的、肥的，指美味的東西。周：遍。堂：朝堂，指朝廷。

3 卮酒豆肉：形容酒肉不多。豆，盛肉的器皿，形似高腳盤。

4 布：放。

5 慎：同「順」。

6 信賞必罰：有功必賞，有罪必罰。

7 辟：通「避」，回避，躲避。

8 田：打獵，圍獵，古代常用田獵作為軍事演習。圃陸：即被廬，晉國地名。

9 顛頡：人名，晉國大臣，曾追隨晉文公在外流亡十九年。據《左傳》僖公二十八年記載，他是因違令燒掉了曹國臣子僖負羈的家而被斬殺的，與這裏的記載不同。

10 隕涕：落淚。憂：傷心，憂愁。

11 徇：示眾。

12 原：諸侯國名，位於今河南濟源西北。

13 **東其畝**：將衛國原來的田畝阡陌方向改為東西向，以利於晉國兵車的東行。

14 **五鹿**：衛國地名，位於今河南清豐西北。

15 **陽**：指陽樊，地名，位於今河南濟源東南。

16 **虢**：諸侯國名，姬姓。位於今河南鄭州西北。

17 **曹**：諸侯國名，姬姓。位於今山東定陶西。

18 **反**：推倒，破壞。**陴**（粵：皮；普：pí）：城牆上有洞眼的矮牆。

19 **罷**：解除。

20 **還**：回頭。**荊人**：指楚軍。**戰城濮**：前六三二年，晉文公與前來援救曹、衛的楚軍在城濮大戰。晉軍齊心協力，先引兵後退，然後伏擊楚軍，取得勝利。這是晉文公建立霸業的一次重要戰爭。城濮，衛國地名，位於今山東濮縣南。

21 **為踐土之盟**：城濮大戰後，晉文公進軍衡雍，在踐土大會諸侯，被推為盟主。踐土，鄭國地名，位於今河南武陟東南。

22 **衡雍**：一作河雍，鄭國地名，位於今河南原陽西南。**義**：結盟，指晉文公和鄭伯在衡雍結盟。

譯文

晉文公向狐偃詢問道：「我把美味甘食遍賜朝中臣子，只留少量的酒肉放在宮內。酒釀成後尚未澄清就給大家飲，鮮肉未經存放就煮給大家吃，殺一頭牛也要普遍分給國人，一年織成的布都給士兵做衣服穿，這足以使民眾為我打仗了吧？」狐偃說：「還不行。」文公說：「我的民眾有喪失財產的，我親自派遣郎中去查看；對有罪的人予以赦免，對貧窮的人佈施恩惠。這足以使民眾為我打仗了吧？」狐偃回答說：「還不行。這些都是滿足民眾生存要求的辦法。而要他們打仗，等於要殺死他們。民眾追隨您，是為了順順當當地活着，您卻違反他們的意願讓他們去戰場上送死，也就失去了民眾跟從您的理由。」文公說：「那麼，要怎樣做才足以使民眾為我打仗呢？」狐偃說：「使他們不得不去打仗。」文公說：「不得不去打仗怎麼講呢？」狐偃回答說：「有功必賞，有罪必罰，大概足以使他們打仗了。」文公說：「怎樣達到刑罰的最高境界呢？」狐偃回答說：「刑罰不避開親近和顯貴的人，法治實施到你寵愛的人。」文公說：「好。」第二天，文公下令在圃陸打獵，約定以中午為期限，遲到的按軍法處置。這時有個文公愛重、名叫顛頡的人遲到了，執法官吏請君主定他的罪，文公掉着眼淚，很是為難。執法官吏說：「請讓我對他用刑。」於是腰斬了顛頡，並向百姓陳屍，用來表明有法必依。此後百姓都非常害怕，説：「國君對顛頡的愛重是那麼深切，尚且按法治罪，何況對我們，有甚麼值得留情的呢。」文公見百姓可用以打仗了，於是就起兵攻打原國，戰勝了對方。攻打衛國，讓衛國的田間小路方向改為東西向，以便通行順利，佔領了五鹿地區。攻取陽樊。戰勝虢國。討伐曹國。向南圍困鄭國，破壞了鄭國的城垛。解除對宋國的包圍。回兵和楚軍在城濮交戰，大敗楚軍。班師北上，主持了在踐土舉行的盟會；接着又完成了衡雍的結盟。一下子就建立了八項功業。之所以能夠這樣，沒有其他原因，是聽從了狐偃主張，借用了顛頡的脊樑的緣故。

賞析與點評

文暢而理明，宜與《左傳·莊公十年》曹劌論戰一節開首數語並觀。商君徙木立信，當代東南亞名政治家掌邦先治其親之罪，一國盡服，皆然。

外儲說右下

本篇導讀——

《外儲說右下》共分五段經文和相輔的說文，分別闡述君臣不能共同掌握賞罰大權、君主對臣下賞罰應以法辦事、君主不能隨便暴露愛憎、君主治國治吏不治民、君主不能違背自然法則辦事等問題。

所選文段一（出自「說二」）旨在說明有功受賞、有罪受罰的法治原則。在這裏韓非講述了一個故事，說秦國遇到嚴重災荒，應侯向秦王請求開發苑埸、允許百姓就中取食蔬菜棗栗，而秦王嚴辭拒絕，說甚麼秦國法令是讓百姓有功受賞，有罪受罰。開放禁苑，就是讓百姓無功受賞賜，會造成國家混亂。因此說：「大發五苑而亂，不如棄棗蔬而治。」韓非所講的原則是不錯的，但秦王把救災與無功受賞混為一談，救濟災民是不以立功為前提的，應當救濟所有災民，而秦王卻說救濟災民會造成國家混亂、寧肯餓死災民也不能違背有功受賞的法治原則，用餓死人來護法，護法也就失去法治意義，有違法治的本質。所以司馬遷在《史記》中說法家「苛薄寡恩」，大概指這類事情。

文段二選自「說二」中的第三個故事。本故事講魯相公儀休嗜魚不受魚，顯示了一位識大體、顧大局、有長遠眼光的宰相本色。他愛吃魚，全城人爭相買魚相贈，他一一拒絕不受。他把個人嗜好同守法聯繫起來，把眼前利益同長遠利益結合起來，把私事同公事區別開來，拒不受禮索魚，盡到了一個為官者的本分。

在文段三（出自「說四」）中，作者通過搖樹動葉、綱舉目張、驅眾救火來說明「以一制萬」的道理。讓每枝樹葉都動起來，用甚麼辦法最好呢？如果一一撥動樹葉，一時間也無法使葉子全動起來；而左右拍打樹幹，樹葉就會全部動起來。張網捕魚，怎樣才能讓網眼全部張開，迅速捕到魚呢？如果逐一撥弄網眼，然後抓魚，非但辛苦，且抓不到魚。如果抓住網上總綱，撒開魚網，魚就會落網。讓官吏提水救火，一桶水是救不了火的，讓官吏指揮眾人救火，火勢很快會撲滅。韓非如此以小喻大，旨在說明君主治國必須任勢，本、綱、吏皆使用「以一制萬」的任勢技巧。

文段四旨（出自「說五」）在揭示國庫空虛、百姓貧餓是由於官吏「中飽私囊」造成的。趙簡子把「君之國中飽」誤解為自己國家富裕，所以欣然自喜。官吏運用手中的權力榨取民脂民膏，侵吞公私財物，上使國庫空虛，下使百姓貧困，這種腐敗之風實在是國家的災難。

文段五（出自「說五」）所講的延陵卓子野蠻駕術，意在說明賞罰毀譽不一，百姓便會無所措手足，造成社會混亂，讓社會安全必須賞罰毀譽有統一標準的法治原則。

一（說二）

秦大饑[1]，應侯請曰[2]：「五苑之草著[3]：蔬菜、橡果、棗栗，足以活民，請發之。」昭襄王曰：「吾秦法，使民有功而受賞，有罪而受誅。今發五苑之蔬果者，使民有功與無功俱賞也。夫使民有功與無功俱賞者，此亂之道也。夫發五苑而亂，不如棄棗蔬而治。」

注釋

1 大饑：嚴重饑荒。

2 應侯：范雎（粵：狙；普：jū）的封號。范雎是戰國時魏國人，任秦昭襄王相，以功封於應（位於今河南魯山東北）。

3 苑：帝王的遊樂打獵場所，內養禽獸，種植花木果樹。草著：著地而生的草木。

譯文

秦國遇到嚴重饑荒，應侯請求説：「五處苑場中的草木植物：蔬菜、橡樹果、棗子、栗子，足以養活百姓，請您開放。」秦昭襄王説：「我們秦國的法令，是讓百姓有功受賞，有罪受罰。現在如果開放五苑的蔬菜瓜果，卻是不論有功無功都要讓百姓受到賞賜。不論有功無功都讓百姓受到賞賜，那是使國家混亂的做法。開放五苑而使國家混亂，不如爛掉瓜果蔬菜而使國家太平。」

賞析與點評

今日百姓，已非古之秦民。

二（説二）

公儀休相魯而嗜魚[1]，一國盡爭買魚而獻之，公儀子不受。其弟諫曰：「夫子嗜魚而不受者[2]，何也？」對曰：「夫唯嗜魚，故不受也。夫即受魚，必有下人之色[3]；有下人之色，將枉於法[4]；枉於法，則免於相。雖嗜魚，此不必致我魚，我又不能自給魚。即無受魚而不免於相，雖嗜魚，我能長自給魚。」此明夫恃人不如自恃也[5]，明於人之為己者，不如己之自為也。

注釋

1 公儀休：人名，戰國時魯國博士。相魯：做魯國的相。嗜：愛好。
2 夫子：對尊長的敬稱。
3 下人之色：遷就別人的神色。
4 枉：歪曲，違背。
5 明：明白，懂得。夫：那種。

譯文

公儀休擔任魯相。他愛吃魚，全城的人都爭相買魚進獻給他，公儀休不收。他弟弟規勸說：「您愛吃魚，卻不收魚，為甚麼？」公儀休回答說：「正因為愛吃魚，我才不收。假如收了，一定要遷就他們才行；有遷就他們的表現，就會違背法令；違背法令就會罷免相位。這樣一來，我即使愛吃魚，他們也不一定再給我魚，我也不能自己再買到魚。假使不收魚，因而不被免相，儘管再愛吃魚，我也能夠經常自己買到魚。」這是懂得依靠別人不如依靠自己，知道靠別人相助，不如自己幫助自己的道理。

三（說四）

搖木者一一攝其葉，則勞而不遍；左右拊其本[1]，而葉遍搖矣。臨淵而搖木，鳥驚而高，魚恐而下。善張網者引其綱[2]，不一一攝萬目而後得；若一一攝萬目而後得[3]，則是勞而難；引其綱，而魚已囊矣。故吏者，民之本綱者也，故聖人治吏不治民。

救火者，令吏挈壺甕而走火[4]，則一人之用也；操鞭箠指麾而趣使人[5]，則制萬夫。是以聖人不親細民[6]，明主不躬小事[7]。

注釋

1 本：樹幹。

2 綱：網上的總繩。

3 目：網眼。

4 吏：指嗇夫。挈：提。甕：一種可盛水的陶器。走火：跑去救火。

5 箠（粵：槌；普：chuí）：短棍。指麾：指揮。趣：督促，驅使。

6 親：治理。細民：民眾。細，小。

7 躬：親自。

譯文

搖樹的人如果逐一地撥動樹葉，即使很勞累，也不能把葉子全部撥動一遍；如果從左右拍打樹幹，那麼所有的樹葉就會晃動起來了。在深潭的邊上搖樹，鳥驚而高飛，魚恐而深游。善於張網捕魚的人牽引魚網的總繩，不逐一地撥弄網眼捕魚；如果逐一地撥弄網眼，然後捉魚，那就不但勞苦，而且也難以捕到魚了；牽引網上的總繩，魚就自然被網住了。所以官吏是民眾的樹幹和總繩，因此聖明的君主管理官吏而不去管理民眾。

救火時，叫主管官員提着水壺水罐跑去救火，只能起一個人的作用；拿了鞭子、短棍指揮，驅使人們，就能役使上萬的人去救火。因此聖明的君主不親自治理民眾，不親自處理小事。

四（說五）

薄疑謂趙簡主曰[1]：「君之國中飽。」簡主欣然而喜曰：「何如焉？」對曰：「府庫空虛於上[2]，百姓貧餓於下，然而奸吏富矣。」

注釋

1 薄疑：人名。曾在趙國、衞國做官。趙簡主：即趙簡子，春秋末晉國執政的三卿之一。

2 府庫：存錢物之處為府，存糧之處為庫。

譯文

薄疑對趙簡子說：「您的國家『中飽』（陳耀南譯『中間脹滿』）。」趙簡子以為是誇他的國家富足，所以十分得意地說：「怎麼個富足呀？」薄疑說：「上有錢庫糧倉的空虛，下有百姓的貧窮饑餓，可是中間的貪官污吏都一個個富起來了。」

五（說五）

延陵卓子乘蒼龍挑文之乘[1]，鉤飾在前[2]，錯錣在後[3]，馬欲進則鉤飾禁之，欲退則錯錣貫之[4]，馬因旁出[5]。造父過而為之泣涕[6]，曰：「古之治人亦然矣。夫賞所以勸之，而毀存焉；罰所以禁之，而譽加焉。民中立而不知所由，此亦聖人之所為泣也。」

注釋

1 延陵卓子：人名。延陵原是春秋時吳國地名，位於今江蘇常州。蒼龍：青色的馬，古代稱高八尺的馬為龍。挑文：指毛色鮮豔的馬。挑，通「翟」，長尾的野雞。文，花紋。

2 鉤：控制馬的用具，指絡在馬下巴的皮製的鉤。飾：指飾於馬頭的鉤、勒等物。

3 錣：馬鞭前端交錯的針。

4 貫：刺。

5 旁出：往斜裏跑。

6 造父：古代駕車能手。

譯文

延陵卓子乘坐由名為「蒼龍」、「挑文」的馬拉的車子，馬身裝飾華貴，前有鈎、勒等物，後有帶刺的鞭子。馬想前進，就會碰到鈎、勒禁止，馬想後退，就有鞭刺相戳，於是馬就往斜裏亂跑。造父路過時看到了，為馬哭泣說：「古時治人也是這樣。賞賜是用來勉勵立功的，但譭謗也夾雜在裏面；刑罰是用來禁止犯罪的，但讚美卻也隨之而來。人們只好呆着不動，不知所措，這也就是聖人為之哭泣的原因。」

難一

本篇導讀——

「難」，辯難，有詰問、辯駁之意。為了進一步闡述勢治學說，韓非廣徵博引，搜集了一些歷史故事、傳說及一些名人言論共二十八則，用對照辯駁形式逐一加以分析評論，寫成《難一》至《難四》四篇文章。《難一》共講九個故事，多論尊主明法、君主權勢、君道臣禮、實施賞罰等內容。

所選文段一是當中的第三個歷史故事。管仲臨終告誡齊桓公要除去三個佞臣，而桓公不聽，結果在桓公重病時受到三個佞臣的陷害，餓死後不得安葬，屍腐出蛆。韓非用辯難方式對此事件加以評說，文中的「有人說」，代表韓非的觀點，對管仲的告誡進行批評。他指出，管仲告誡桓公清除三佞臣的主張，是不懂法度而說的話。管仲清除佞臣的理由是佞臣「不愛其身，安能愛君」。韓非反駁說，管仲不為公子糾而死安能愛桓公，管仲豈不也在除掉之列。所以齊桓公的悲劇不是因為不聽管仲告誡造成的，而是君主沒有用權勢法術駕馭臣下所致。管仲之言，則是除去一奸，又生一奸，治標不治本。如果依法治臣，制定爵祿鼓勵立功，建立刑罰威懾奸邪禁絕犯罪，這樣奸人便不會被重用，即使有豎刁、易牙之類，也不會興風作浪的。

文段二是第八個故事，韓非闡明法不赦罪人，不殺無辜的原則。他從「赦罪人」和「重不辜」兩方面批駁了郤克的錯誤。郤克聲稱要前往救將要處斬之人，等他趕到刑場時，人已處死。郤克卻說：「為甚麼不把屍體巡行示眾？」連他的僕從都看出郤克前後矛盾的說法。郤克解釋這樣做是為了分擔大家對行刑者的非議。韓非對此借用旁觀者的口氣加以分析，指出被斬的人如果是死罪，就不該去救；救有罪的人是違法的；法令敗壞，國家就混亂。如果被斬的人不是罪人，就不能把屍體巡行示眾；把無罪人的屍體示眾，就使無辜的人受死刑和陳屍示眾的雙重冤枉；雙重冤枉，是民眾最痛恨的；民眾有怨恨，國家就危險。說陳屍是為了分擔非議，這不僅不足以分擔對斬人的非議，還會產生對陳屍的非議。郤克的做法只能造成民眾對上級的失望，從而失去民心。

韓非這裏所堅持的是罪刑適當的原則、罪與赦統一標準的原則，這在今日仍然是不變的原則。這一貢獻，在中國法制史上佔有重要地位。

一

管仲有病[1]，桓公往問之[2]，曰：「仲父病[3]，不幸卒於大命，將奚以告寡人[4]？」管仲曰：「微君言[5]，臣故將謁之[6]。願君去豎刁[7]，除易牙[8]，遠衞公子開方[9]。易牙為君主味[10]，君惟人肉未嘗，易牙烝其子首而進之[11]。夫人情莫不愛其子，今弗愛其子，安能愛君？君妒而好內，豎刁自宮以治內[12]。人情莫不愛其身，身且不愛，安能愛君？開方事君十五年，齊、衞之間不容數日行[13]，棄其母，久宦不歸。其母不愛，安能愛君？臣聞之：『矜偽不長[14]，蓋虛不久[15]。』願君去此三子者也。」管仲卒死，而桓公弗行。及桓公死，蟲出戶不葬[16]。

或曰：管仲所以見告桓公者，非有度者之言也。所以去豎刁、易牙者，以不愛其身，適君之欲也。曰：「不愛其身，安能愛君？」然則臣有盡死力以為其主者，管仲將弗用也。曰：「不愛其死力，安能愛君？」是欲君去忠臣也。且以不愛其身度其不愛其君[17]，是將以管仲之不能死公子糾度其不死桓公也[18]，是管仲亦在所去之域矣[19]。明主之道不然，設民所欲以求其功，故為爵祿以勸之。設民所惡以禁其奸，故為刑罰以威之。慶賞信而刑罰必，故君舉功於臣而奸不用於上，雖有豎刁，其奈君何？且臣盡死力以與君市[20]，君垂爵祿以與臣市。君臣之際，非父子之親也，計數之所出也[21]。君有道，則臣盡力而奸不生；無道，則臣上塞主明而下成私。管仲非明此度數於桓公也[22]，使去豎刁，一豎刁又至，非絕奸之道也。且桓公所以身死蟲流出戶不葬者，是臣重也[23]。臣重之實，擅主也[24]。有擅主之臣，則君令不下究[25]，臣情不上通。一人之力能隔君臣之間，使善敗不聞，禍福不通，故有不葬之患也。明主之道：一人不兼官，一官不兼事；卑賤不待尊貴而進，大臣不因左右而見；百官修通，群臣輻湊[26]；有賞者君見其功，有罰者君知其罪。見知不悖於前[27]，賞罰不弊於後，安有不葬之患？管仲非明此言於桓公也，使去三子，故曰：管仲無度矣。

注釋

1 管仲：名夷吾，齊桓公的相。他曾幫助桓公改革內政，建立霸業。

2 桓公：指齊桓公，名小白，齊國君主，春秋五霸之一。

3 仲父：齊桓公對管仲的尊稱。

4 寡人：君主的謙稱。

5 微：無。

6 故：通「固」，本來。謁：告。

7 豎刁：齊桓公寵信的年輕侍從，名刁，掌握宮內事務。豎，年輕侍僕。

8 易牙：人名，一作狄牙，桓公近臣，擅長調味。

9 開方：人名，衞國公子，在齊國做官。

10 主味：主管伙食。

11 烝：蒸。

12 宮：割去睾丸。治內：管理宮內的事。

13 齊、衞之間不容數日行：齊國與衞國之間要不了幾天的行程。

14 矜偽不長：弄虛作假，不會長久。矜，自誇。

15 蓋虛不久：掩蓋虛假，不能持久。

16 蟲出戶不葬：前六四三年，桓公有病，易牙、豎刁、開方等乘機作亂，阻塞宮門。桓公餓死後，三個月不收葬，屍體腐爛，蛆蟲爬出門外。

17 度：忖度，推斷。

18 公子糾：齊桓公的哥哥。

19 域：範圍。

20 市：交易。

21 計數：計算利害得失。

22 度數：法術。

23 臣重：臣下的權力過大。

24 擅主：挾持君主。

25 下究：下達。

26 輻湊：車輪的輻條聚集到車轂。湊，通「輳」，聚。

27 悖：混亂。

譯文

管仲生重病，齊桓公前去探望，詢問說：「您病了，萬一有個不幸，有甚麼話準備告訴我？」管仲說：「您就是不問我，我本來也要告訴您的。希望您趕走豎刁，除去易牙，遠離衛公子開方。易牙為您主管伙食，您只有人肉沒吃過，易牙就把自己兒子的頭蒸了獻給您。人之常情沒有不喜愛自己兒子的，現在易牙不愛自己兒子，又怎麼能愛您呢？您本性好妒而喜歡女色，豎刁就自己施行宮刑，以便管理宮女。人之常情沒有不喜愛自己身體的，豎刁連自己身體都不愛，又怎麼能愛您呢？衛公子開方侍奉您十五年，齊國和衛國之間只有幾天的行程，開方離開自己母親，做官很久也不探望問安。他連自己母親都不愛，又怎麼能愛您呢？我聽說：『弄虛作假的不會長久，掩蓋真相的不能持久。』希望您能遠離這三個人。」

管仲已死，桓公不按他的話去做。等到桓公死後，蛆蟲爬出門外也無人埋葬。

有人反駁說：管仲用來告誡桓公的話，不是懂法度的人所說的話。要除去豎刁、易牙的理由，是因為他們不看重自身，而去迎合君主的慾望。管仲說：「不愛自身，又怎麼能愛君主？」那麼臣下有拚死效力君主的人，管仲就不會任用了。他會說：「不愛惜自身而拚死出力的人，怎麼能愛君主？」這是要君主除掉忠臣啊。況且用不愛自身來推斷他不愛君主，這就可以用管仲不能為公子糾而死來推斷管仲不能為桓公而死，這樣，管仲也在應當除掉之列。明君的原則不是這樣，他會設置臣民所希望的東西來求得他們立功，所以制定爵祿而鼓勵他們；設置臣民所厭惡的東西來禁止奸邪行為，所以建立刑罰來威懾他們。獎賞守信而刑罰堅決，所以君主在臣子中選拔有功的人，奸人不會被任用，即使有豎刁一類的人，又能把君主怎麼樣呢？況且臣下盡死力來換取君主的爵祿，所以君主設置爵祿才能換取臣下的死力。君臣之間，不是父子那樣的親屬關係，而是從計算利害出發的。君主有正確的治國原則，臣下就會盡力，奸邪也不會產生；君主沒有正確的治國原則，臣下就會對上蒙蔽君主，在下謀取私利。管仲對桓公沒有闡明這種法術。他讓桓公趕走豎刁，另一個豎刁又會出現，這不是杜絕奸邪的方法。再說桓公死後蛆蟲爬出門外還不得埋葬的原因，是臣下的權力過大。臣下權力過大的結果，就是挾持君主。有了挾持君主的奸臣，君主的命令就無法下達，群臣的情況也不能上通。一個人的力量能隔斷君臣之間的聯繫，使君主聽不到好壞情況，不了解禍福產生的緣由，所以有死後不葬的禍患。明君的治國原則：一人不兼任他職，一職不兼管他事；地位低的人不必等待地位高的人來推薦，大臣不必通過君主近侍來引見；百官都能逐級上通，群臣好像車輻聚集到車軸中心一樣歸附君主；受賞的人，君主能了解他的功勞；受罰的人，君主能知道他的罪過。君主事先對群臣的功過了解得清楚，然後進行賞罰，就不會受蒙蔽，怎麼會有死後不葬的禍患呢？管仲不對桓公講明這個道理，只是讓他趕走三個人，所以説管仲不懂法度。

二

靡笄之役[1]，韓獻子將斬人[2]。郤獻子聞之[3]，駕往救之。比至[4]，則已斬之矣。郤子因曰：「胡不以徇[5]？」其僕曰：「曩不將救之乎[6]？」郤子曰：「吾敢不分謗乎？」

或曰：郤子言不可不察也，非分謗也。韓子之所斬也，若罪人，則不可救，救罪人，法之所以敗也，法敗則國亂；若非罪人，則不可勸之以徇，勸之以徇，是重不辜也[7]，重不辜，民所以起怨者也，民怨則國危。郤子之言，非危則亂，不可不察也。且韓子之所斬若罪人，郤子奚分焉[8]？斬若非罪人，則已斬之矣，而郤子乃至，是韓子之謗已成而郤子且後至也。夫郤子曰「以徇」，不足以分斬人之謗，而又生徇之謗。是子言分謗也？昔者紂為炮烙[9]，崇侯、惡來又曰斬涉者之脛也[10]，奚分於紂之謗？且民之望於上也甚矣，韓子弗得，且望郤子之得之也；今郤子俱弗得，則民絕望於上矣。故曰：郤子之言非分謗也，益謗也。且郤子之往救罪也，以韓子為非也；不道其所以為非，而勸之「以徇」，是使韓子不知其過也。夫下使民望絕於上，又使韓子不知其失，吾未得郤子之所以分謗者也。

注釋

1 靡笄（粵：美雞；普：mí jī）之役：前五八九年，晉卿郤克出兵伐齊，在靡笄山下大敗齊軍。靡笄，古代山名，在今山東省長清縣。

2 韓獻子：即韓厥，晉國的卿，當時任中軍司馬，掌管軍法。

3 郤（粵：隙；普：xì）獻子：即郤克，當時任中軍主帥。

4 比至：等到趕到。

5 胡：為甚麼。徇：屍體巡行示眾。

6 曩（粵：攮；普：nǎng）：先前。

7 重不辜：雙重冤枉，指無罪被殺和把屍體巡行示眾。

8 奚：甚麼。

9 紂：商朝最後的一個王，暴君。炮烙：本作「炮格」，古代的一種酷刑，把人放在燒紅的銅格上面烤死。

10 崇侯：指崇侯虎。商屬國崇的首領，奸臣。惡來：人名，商紂王寵倖的臣子。斬涉者之脛：相傳紂王在冬天見人涉水，就把他的小腿砍下來，看它為甚麼這樣耐寒。脛，小腿。

譯文

晉、齊靡笄之戰後，晉中軍司馬韓厥將斬人。主帥郤克聽說後，駕車前去救人。等他趕到，人已處死。郤克就說：「為甚麼不用他的死屍巡行示眾？」郤克的侍僕說：「先前您不是要救他嗎？」郤克說：「我怎敢不為韓厥分擔別人對他的非議呢？」

有人反駁說：郤克的話不能不加考察，它不能分擔非議。韓厥要斬的如果是罪人，就不該去救；救有罪的人，是法令敗壞的原因；法令敗壞，國家就混亂。

如果不是罪人，郤克就不能勸韓厥把屍體巡行示眾；勸韓厥把屍體巡行示眾，這就使無辜的人受死刑和陳屍示眾的雙重冤枉；雙重冤枉，正是民眾產生怨恨的原因；民眾有怨恨，國家就危險。郤克的話，不是危險就是混亂，不能不明察。況且韓厥要斬的若是罪人，郤克要分擔甚麼非議呢？要斬的如果不是罪人，那麼已經斬殺了，郤克才到，這時韓厥的非議已經構成，而郤克後來方才趕到。郤克說把屍體巡行示眾，不足以分擔斬人的非議，而又產生巡屍的非議，這就是郤克所謂的分擔非議？過去商紂造出炮烙酷刑，崇侯、惡來又勸斬涉水者的小腿，哪裏就分擔了對紂的非議？況且民眾對上面按法辦事的希望是很強烈的，假使韓厥沒能做到，民眾就會希望郤克做到；現在郤克一樣沒有做到，那麼民眾對上級就絕望了。所以說：郤克的話不是分擔別人對韓厥的非議，而是增加了非議。再說郤克前去救人，是認為韓厥錯了；不講清他做錯的原因，而勸他拿屍體巡行示眾，這是使韓厥不知道自己的過錯。使下面的民眾對上級絕望，又使韓厥不知道自己的過失，我不知道郤克是怎樣來分擔非議的。

難二

本篇導讀——

《難二》共講述七個故事，分別說明刑不在多少而在適當，賞無功不誅過是禍亂的根源，智者應掌握無為原則以避禍，君臣合力才能治理好國家，正確使用人才，國家增收有多種因素，用兵之道在信賞必罰，不在親冒矢石等七個方面問題。

所選文段一，即第一個故事，分二段，第一段講晏子諫言齊景公用政多刑，致使齊景公盲目減少了五種刑罰。第二段講有人批駁晏子多刑說教是不懂法治的誤國之論。這裏的「有人」就是韓非的代言人。晏子「多刑說」錯在只講刑多不講用刑是否正確，如果刑罰恰當，就不應嫌多。如果刑罰不當，也不應嫌少。愛惜雜草便會損害莊稼，寬容盜賊便會傷害百姓。所以晏子的「多刑說」是「利奸害善」，有損法治。正確的用刑，不在講多少，而在遵循罪刑適當的原則。

景公過晏子[1]，曰：「子宮小[2]，近市，請徙子家豫章之圃[3]。」晏子再拜而辭曰：「且嬰家貧，待市食[4]，而朝暮趨之，不可以遠。」景公笑曰：「子家習市[5]，識貴賤乎？」是時景公繁於刑。晏子對曰：「踴貴而屨賤[6]。」景公曰：「何故？」對曰：「刑多也。」景公造然變色曰[7]：「寡人其暴乎！」於是損刑五[8]。

或曰：晏子之貴踴，非其誠也，欲便辭以止多刑也[9]。此不察治之患也。夫刑當無多，不當無少。無以不當聞，而以太多說[10]，無術之患也。敗軍之誅以千百數，猶北不止[11]；即治亂之刑如恐不勝[12]，而奸尚不盡。今晏子不察其當否，而以太多為說，不亦妄乎[13]？夫惜草茅者耗禾穗，惠盜賊者傷良民。今緩刑罰，行寬惠，是利奸邪而害善人也，此非所以為治也。

注釋

1 景公：指齊景公，名杵臼（粵：處舅；普：chǔ jiù），春秋末期齊國君主。他在位時政治腐敗，許多人受刖足（砍斷腳）的酷刑。過：走訪，探望。晏子：指晏嬰，字平仲，曾任景公的相。

2 宮：宮室。這裏指住宅。

3 豫章之圃：當是齊都的風景區。豫章，地名，一說即樟木。圃，種植花果的園地。

4 待：依靠，依賴。市食：上集市買東西吃。

5 習市：熟悉市場行情。

6 踴：被刖足的人所穿的鞋子。屨（粵：句；普：jù）：常人穿的鞋子。

7 造然：吃驚而慘痛的樣子。

8 損刑五：減去五種刑罰。

9 便辭：託辭。

10 說：進說。

11 猶：還。北：敗北，戰敗逃走。

12 即：即使，縱使。不勝：不夠。

13 妄：荒唐，謬誤。

譯文

齊景公走訪晏子，說：「您的住宅太小，又靠近集市，請把您家搬到豫章園去。」晏子拜了兩拜推辭說：「我家窮，靠近集市買東西吃，早晚趕集方便，不能離得遠。」景公笑着說：「您家人熟悉市場行情，知道甚麼貴甚麼便宜嗎？」這時正是景公刑罰繁多的時候。晏子回答說：「斷腳人穿的踴貴，常人穿的鞋便宜。」景公說：「甚麼緣故？」晏子回答說：「刑罰太多。」景公驚訝得臉色大變，說：「我大概太殘暴了吧！」於是減去五種刑罰。

有人反駁說：晏子說踴貴，不是他的真心話，是想藉此來勸說景公不要多用刑罰。這是他不懂治國之道的過錯。刑罰恰當不嫌多，刑罰不當不在少。晏子不以刑罰不當告訴景公，而以用刑太多勸說景公，這是不懂法術的過錯。打敗仗的軍隊被殺掉的人雖以千百計算，還是敗逃不止；即使治理禍亂的刑罰唯恐不夠用，奸邪還是不能除盡。現在晏子不去考察景公的刑罰是否用得恰當，卻拿刑罰太多勸說景公，不是很荒唐嗎？愛惜茅草便會損害莊稼，寬容盜賊便會傷害良民。現在減輕刑罰，實行寬惠，就是便利奸邪而傷害好人，這不是用來治國的辦法。

賞析與點評

在司法不獨立、君主獨裁行政主導之世，刑罰輕重適當與否，決定於當權者之價值判斷；至於多少繁簡，則是「量」的客觀現象，未必能因晏子諫「刑多」而遂評其「不察當否」。且為政而不惜生靈，不講仁愛，有「懲」無「教」，亦不過變人間為地獄。清人浙江法院聯云：「看階前草綠苔青，無非生意；聽牆外鴉啼雀噪，恐有冤魂！」不忘天地好生之德，即歐陽修《瀧岡阡表》懷想先父審刑仁厚之意也。老子云：「民不畏威，則大威至」，「民不畏死，奈何以死懼之！」韓非不能解此。

難三

本篇導讀──

《難三》包括八個故事，分別説明君主應鼓勵告奸和懲罰隱惡、警惕有貳心的臣子、防止以下凌上、君主不能依靠個人智慧去察奸防惡、君主應充分利用權勢、君主應識破臣下經過掩飾的奸邪行為、法術應由君主獨自掌握等方面問題。每段講述一個故事或確立一個觀點，然後用「有人説」形式加以反駁，闡明韓非的觀點。

所選文段一講離開以法治國原則，只憑個人智巧治國，就會給國家帶來災難。這個故事是對老子「以智治國，國之賊也」一句的解釋。故事講子產晨出，聽見有婦女哭泣聲，依據哭的聲調斷定此婦有姦情，命官吏捉來審問。對此事，韓非用「有人説」來詳加分析、批駁，指出一國有那麼多姦情，不任用法官、獄官審理、驗證，不彰明法度，而竭盡聰明，勞心費神去獲得姦情，是缺少治國之術的表觀。個人智力有限，只有依靠事物去了解事物，依靠人來了解人，這就是用一個大羅網來了解萬事萬物，包括了解姦情在內，才是萬無一失的法術。君主掌握此術，不需勞累、不用智巧，就可達到便知天下事的目的。

文段二所講法宜分開、術宜深藏，是治民治臣的法治思想。法是人們的行為規範，所以必須公之於世；術是君主掌控臣下、戒備臣下的手段，就不能讓臣下覺察。法之所以要公開發佈，是讓天下所有人都知道，無分貴賤，人人都知道，人人都遵照實行，國家才能大治。術之所以深藏，是君主胸中所藏用來對付各種事變暗中駕馭群臣的機密，不能有私毫洩露，連君主身邊親信、親屬都不能知道的，更不能讓大家都知道。機密一旦外露，讓準備實施陰謀的權臣獲知，將會對君主構成嚴重危害。所以：「術者，藏之於胸中，以偶眾端而潛御群臣者也。」

一

鄭子產晨出[1]，過東匠之閭[2]，聞婦人之哭，撫其御之手而聽之。有間[3]，遣吏執而問之，則手絞其夫者也。翼日[4]，其御問曰：「夫子何以知之[5]？」子產曰：「其聲懼。凡人於其親愛也，始病而憂，臨死而懼，已死而哀。今哭已死，不哀而懼，是以知其有姦也。」

或曰：子產之治，不亦多事乎？姦必待耳目之所及而後知之，則鄭國之得姦者寡矣。不任典成之吏[6]，不察參伍之政[7]，不明度量[8]，恃盡聰明勞智慮而以知姦，不亦無術乎？且夫物眾而智寡，寡不勝眾，智不足以遍知物，故因物以治物。下眾而上寡，寡不勝眾者，言君不足以遍知臣也，故因人以知人。是以形體不勞而事治，智慮不用而姦得。故宋人語曰：「一雀過羿[9]，羿必得之，則羿誣矣[10]。以天下為之羅[11]，則雀不失矣。」夫知姦亦有大羅，不失其一而已矣。不修其理，而以己之胸察為之弓矢[12]，則子產誣矣。老子曰：「以智治國，國之賊也。」[13]其子產之謂矣。

注釋

1 子產：即公孫僑，春秋時鄭昭公相。

2 東匠：閭名。閭：里，古代二十五家為閭。

3 有間：一會兒。

4 翼日：另外一天。

5 夫子：大夫的尊稱，指子產。

6 典成之吏：主管獄訟的官吏。典，主管。

7 參伍：即參伍之驗，用事實來多方面加以驗證。

8 度量：指法度。
9 羿：傳說是夏代東夷族的部落首領，以善射著名。
10 誣：欺騙。
11 羅：網。
12 胸察：主觀判斷。弓矢：比喻察姦的手段。
13 出自《老子》王弼注本六十五章。賊，害。

譯文

鄭相子產早晨出門，經過東匠閭時，聽見有婦女的哭泣聲。子產按住車夫的手，示意停車，仔細聽聽。過了一會兒，子產派官吏把那個婦女捉來審問，斷定她就是親手絞死丈夫的人。有一天，車夫問他說：「您根據甚麼知道那婦女是兇手？」子產說：「她的哭聲顯得恐懼。一般說來，大家對於親愛的人，剛病時憂愁，臨死時恐懼，既死後悲哀。現在她哭已死的丈夫，不是悲哀而是恐懼，所以知道她有姦情。」

有人說：子產治國，不也是太多事了嗎？姦情一定要等親自聽到和看到，然後才了解，那麼鄭國查到的姦情就太少了。不任用主管獄訟的官吏，不採用多方面考察驗證的治理措施，不彰明法度，而依靠竭盡聰明，勞心費神去獲知姦情，不也是缺少治國辦法嗎？況且事物眾多而個人智寡，寡不勝眾，個人智力難以普遍地了解事物，所以要利用事物來治理事物。臣下多而君主寡。寡不勝多是指君主難以普遍地了解臣下，所以要依靠人來了解人。因此不勞累身體就辦好事情，不使用腦力就得到姦情。所以宋人有句話說：「每一隻麻雀飛過羿的身邊，羿也定要把牠射下來，那就是羿在騙人。把天下作為羅網，麻雀就一個也逃不脫。」了解姦情也有大羅網，那就是萬無一失的法術罷了。不整頓法制，而用自己的主觀判斷作為察姦的手段，那是子產在蠻幹。老子說：「憑個人智慧治理國家，是國家的禍患。」大概就是說子產這種做法吧。

賞析與點評

主政者不親細務，一則人精力與智能所限，二則必須分層培養負責。三國諸葛亮兩朝開濟，謹慎忠勤，而食少事繁，鞠躬盡瘁，一死而蜀亡隨之，可為殷鑒。

二

管子曰：「言於室，滿於室；言於堂，滿於堂。是謂天下王[1]。」或曰：管仲之所謂言室滿室、言堂滿堂者，非特謂遊戲飲食之言也[2]，必謂大物也。人主之大物，非法則術也。法者，編著之圖籍，設之於官府，而佈之於百姓者也。術者，藏之於胸中，以偶眾端而潛御群臣者也[3]。故法莫如顯，而術不欲見。是以明主言法，則境內卑賤莫不聞知也，不獨滿於堂；用術，則親愛近習莫之得聞也[4]，不得滿室。而管子猶曰「言於室滿室，言於堂滿堂」，非法術之言也。

注釋

1 天下王：可以稱做天下的王。這裏是說君主的聲威應該傳播到每一個角落。這句引文見《管子．牧民》篇。

2 非特：不只是。

3 偶：合，通。眾端：各種頭緒，指眾事。潛御：暗地裏駕馭。

4 近習：君主親近寵倖的人。

譯文

管仲說：「屋裏講話，聲音滿屋；堂上講話，聲音滿堂。此人即可稱為天下之主。」有人反駁說：管仲所說的「屋裏講話聲滿屋，堂上講話聲滿堂」，並不只說飲食遊戲方面的話，必定說的是大事。君主的大事，不是法，就是術。法是編寫成文，設置在官府裏，進而公佈到民眾中去的。術是藏在君主胸中，用來對付各種各樣事情而暗中駕馭群臣的。所以法越公開越好，術卻不該表露出來。因此，明君談法時，就是國內卑賤的人也沒有不知道的，不僅僅滿堂的人知道；用術時，就連君主寵倖的親信也沒有誰能聽到，更不該讓滿屋子的人都知道。而管仲卻還說「屋裏講話聲滿屋，堂上講話聲滿堂」，這就不是合乎法術的話。

賞析與點評

堂室亦皆可言術，皆可言法，法術分道，在言者耳。

難勢

本篇導讀——

《難勢》就是辯難權勢，緊緊圍繞慎到的勢治學說進行辯難。慎到認為君主的勢位是「令則行，禁則止」的基礎，是制服臣民的有效保證。韓非力主慎到的勢治學說，反對賢治（賢人治理國家）的觀點，提出君主治理國家必須在法治的前提下運用權勢，才能使國家長治久安，形成了韓非「抱法處勢」的勢治理論。

關於「矛盾」的寓言就出自本文，它的本意是比喻「勢」與「賢」是不相容的。文章指出，堯、舜得了權勢，有十個桀、紂也不能擾亂天下，而桀、紂得了權勢，有十個堯、舜也治理不好天下，說明賢治不如勢治。為了進一步說明這一學說的正確性，韓非在這裏又用「矛盾」的寓言加以說明，從中得出結論：按照賢治的原則，賢人是不受約束的；按照勢治的原則，是沒有甚麼不能約束的，不受約束的賢治和沒有甚麼不能約束的勢治就構成了矛盾。「賢勢之不相容亦明矣」，其結果必然是賢治服從勢治。

夫勢者，名一而變無數者也。勢必於自然，則無為言於勢矣。吾所為言勢者，言人之所設也。今曰：「堯、舜得勢而治，桀、紂得勢而亂。」吾非以堯、舜為不然也。雖然，非一人之所得設也。夫堯、舜生而在上位，雖有十桀、紂不能亂者，則勢治也；桀、紂亦生而在上位，雖有十堯、舜而亦不能治者，則勢亂也。故曰：「勢治者則不可亂，而勢亂者則不可治也。」此自然之勢也，非人之所得設也。若吾所言，謂人之所得設也而已矣，賢何事焉？何以明其然也？客曰[1]：人有鬻矛與盾者[2]，譽其盾之堅，「物莫能陷也[3]」，俄而又譽其矛曰[4]：「吾矛之利，物無不陷也。」人應之曰：「以子之矛，陷子之盾，何如？」其人弗能應也。以為不可陷之盾，與無不陷之矛，為名不可兩立也。夫賢之為道不可禁，而勢之為道也無不禁，以不可禁之賢與無不禁之勢，此矛盾之說也。夫賢勢之不相容亦明矣。

注釋

1 客：韓非假設的某一個人。

2 鬻：賣。矛：古代常用的直刺的長柄兵器。盾：古代作戰時防護身體、抵擋刀箭的牌，用皮革或金屬等製成。

3 陷：陷入，刺穿。

4 俄而：一會兒。

譯文

所謂權勢，名稱只有一個，但含義卻是變化無窮的。權勢一定要出於自然，那就用不着討論它了。我要談的權勢，是人為設立的。現在你說：「堯、舜得了權勢天下就太平，桀、紂得了權勢天下就混亂。」我並不認為堯、舜不是這樣。但是，權勢不是一個人能夠設立起來的。假如堯、舜生來就處在君主的位置上，即使有十個桀、紂也不能擾亂天下，這就叫做「勢治」；假如桀、紂同樣生來就處在君主的位置上，即使有十個堯、舜也不能治好天下，這就叫做「勢亂」。所以說：「『勢治』就不可能擾亂，而『勢亂』就不可能治理好。」這都是自然之勢，不是人設立的。像我說的，是說人設立的權勢罷了，何必用甚麼賢人呢？怎樣證明我的話是對的呢？某人講了一個故事，說：有個賣矛和盾的人，誇耀他的盾很堅固，就說「沒有東西能刺穿它」，一會兒又誇耀他的矛說：「我的矛很鋭利，沒有甚麼東西刺不穿的。」有人質疑說：「用你的矛刺你的盾，會怎麼樣呢？」他沒法回答。因為不能刺穿的盾和沒有東西刺不穿的矛，在道理上是不能同時存在的。按照賢治的原則，賢人是不受約束的；按照勢治的原則，是沒有甚麼不能約束的，不受約束的賢治和沒有甚麼不能約束的勢治就構成了矛盾。賢治和勢治的不相容也就很清楚了。

賞析與點評

「矛盾」之千古妙喻，已可不朽。

問田

本篇導讀——

「問田」作為題目，沒有特別意義，係從該篇首句「徐渠問田鳩曰」中的「問田」二字取來。全篇共分兩段，第一段講選拔官吏必須從基層實際職務崗位上選取，具有豐富的實踐工作經驗。第二段，以對話形式表達法術人士不避艱險推行法治的精神。

本文為《問田》篇的第一段。該段旨在闡述官吏起於下層的選官原則，將相尤其如此。將相為百官之首，關係軍政興旺、法治的實行、國家的存亡，是擇臣用人的首要問題。將軍要從下層軍官逐級選拔，選具有實戰經驗的官兵逐級升遷，將官才能勝任作戰指揮權。宰相從地方官吏提升，才有資格有能力管理地方行政。由於將相起於下層，他們可以憑下層辦事的實踐經驗，下達各種禁令和指令，對下層官員何時能完成任務、完成效率如何，他們都能心中有數，絕少有人能蒙混過關。他們出自下層，所以對下屬能知人善任，權衡利害，做到以法治軍，以法治吏。

徐渠問田鳩曰[1]：「臣聞智士不襲下而遇君[2]，聖人不見功而接上。今陽城義渠[3]，明將也，而措於屯伯[4]；公孫亶回[5]，聖相也，而關於州部[6]，何哉？」田鳩曰：「此無他故異物，主有度、上有術之故也[7]。且足下獨不聞楚將宋觚而失其政[8]，魏相馮離而亡其國[9]？二君者，驅於聲詞，眩乎辯說[10]，不試於屯伯，不關乎州部，故有失政亡國之患。由是觀之，夫無屯伯之試，州部之關，豈明主之備哉！」

注釋

1 徐渠：人名，生平不詳。田鳩：一作田俅，齊國人，墨家人物。
2 襲下：指從低級職務起，按級上升。襲，層層上加。遇：禮遇，賞識。
3 陽城義渠：人名。
4 措：安置。屯伯：即屯長，軍隊中五人設一屯長。
5 公孫亶（粵：坦；普：dǎn）回：人名。
6 關：措置，安排。州部：當時的一種基層行政單位。
7 度：法度。術：指君主使用、駕馭各級官吏的措施和手段。
8 足下：對人的尊稱。宋觚（粵：孤；普：gū）：人名。

9 馮離：人名。

10 眩：迷惑。

譯文

徐渠問田鳩說：「我聽說智士不用歷任低級職務就能被君主賞識，聖人不用顯示出成績就能被君主接納。現在的陽城義渠是個英明的將領，可他曾被安排做過小官；公孫亶回是個傑出的相國，也安排做過地方官，為甚麼呢？」田鳩說：「這沒有別的原因，就因為君主掌握了法和術的緣故。您難道沒聽說楚國任用宋觚為將而使國事敗壞，魏國任用馮離為相而使國家危亡的事情嗎？楚、魏兩國的君主被動聽的言辭所驅使，被花言巧語所迷惑，不在屯長這樣的低級職務中去試用他們，不安排在州部這樣的基層機構中去考驗他們，所以才有作戰敗北和國家危亡的禍患。由此看來，那種不經過低級職務的試用，不經過基層機構的安排考驗，難道是英明君主任用官吏的辦法麼！」

定法

本篇導讀——

「定法」就是確定名副其實的賞罰原則，完善法令。本篇是韓非論述法與術思想的重要文章。文章裏分析了商鞅、申不害的法、術主張的利弊，總結了前期法家推行法治的經驗教訓，提出了法術相結合加以運用，才能加強君主權力。

韓非的法治思想有三個來源：勢源於慎到，法源於商鞅，術源於申不害。韓非對前人的思想既有繼承又有發展，發現不合時宜者，便行改變。本文提出的「時移備變」的觀點，就是因時代需要而變法。歷史前進了，社會情況變化了，治國辦法也應當修正，把不適應新情況的辦法廢除，或加以改善。所以，韓非能成為法家思想的集大成者。本文是最後一段，提出改進商鞅賞賜辦法，提出因人而宜的主張，就是完善法治的具體事例。

問者曰：「主用申子之術[1]，而官行商君之法[2]，可乎？」

對曰：「申子未盡於術，商君未盡於法也。申子言：『治不逾官，雖知弗言。』治不逾官，謂之守職也可；知而弗言，是不謂過也[3]。人主以一國目視，故視莫明焉；以一國耳聽，故聽莫聰焉。今知而弗言，則人主尚安假借矣？商君之法曰：『斬一首者爵一級[4]，欲為官者為五十石之官[5]；斬二首者爵二級，欲為官者為百石之官。』官爵之遷與斬首之功相稱也。今有法曰：『斬首者令為醫、匠。』則屋不成而病不已。夫匠者手巧也，而醫者齊藥也[6]，而以斬首之功為之，則不當其能。今治官者，智能也；今斬首者，勇力之所加也。以勇力之所加而治智能之官，是以斬首之功為醫、匠也。故曰：二子之於法術[7]，皆未盡善也。」

注釋

1 申子：即申不害，鄭國京（今河南滎陽）人，戰國時法家代表人物。曾任韓昭侯相。主張循名責實，以術馭臣。

2 商君：即商鞅，戰國時衞國人，原名衞鞅，又名公孫鞅。法家代表人物。在秦實行變法，因功封於於（粵：烏；普：wū，在今河南內鄉）、商（在今河南商縣），因名商鞅。秦孝公死後，受舊貴族圍攻，戰死後，又被車裂。

3 不謂過：指不告發罪過。謂，說，告。

4 首：指甲首，披甲的小軍官的頭。級：指秦國的爵位級別。秦國的爵位分二十級。

5 石：容量單位，十斗為一石，重一百二十斤。戰國時期有些國家用「石」作為俸祿的計算單位。

6 齊藥：即調配藥物。齊，同「劑」。

7 二子：指申不害和商鞅。

譯文

問話的人說：「君主使用申不害的術，而官府實行商鞅的法，這樣可以嗎？」

韓非回答說：「申不害的術不夠完善，商鞅的法也不夠完善。申不害說：『辦事不超越自己的職權範圍，越權的事即使知道了也不說。』辦事不超越職權範圍，可以說是守職；知道了不說，這是不告發罪過。君主用全國人的眼睛去看，所以沒有比他看得更全面的；用全國人的耳朵去聽，所以沒有比他聽得更清楚的。假如知道了都不報告，那麼君主還靠甚麼來做自己的耳目呢？商鞅的法令規定：『殺死一個敵人小頭目的，升爵一級，想做官的給年俸五十石的官；殺死兩個敵人小頭目的，升爵兩級，想做官的給年俸一百石的官。』官職和爵位的提升跟殺敵立功的多少是相當的。如果有法令規定：『讓殺敵立功的人去做醫生或工匠。』那麼他房屋也蓋不成，病也治不好。工匠是有精巧手藝的，醫生是會配製藥物的，如果用殺敵立功的人來幹這些事，那就與他們的才能不相適應。現在做官的人，要有智慧和才能；而殺敵立功的人，靠的是勇氣和力量。如果讓靠勇氣和力量的人去擔任需要智慧和才能的官職，那就等於讓殺敵立功的人去當醫生、工匠一樣。所以說：申不害的術和商鞅的法，都還沒有達到很完善的地步。」

賞析與點評

「馬上得天下，不能馬上治之。」「治國必用讀書人。」後世論政者亦同此調。問題在所讀何書、終極關懷在於何處。

說疑

本篇導讀——

「說疑」是說君主要善於識別臣下各種難以辨認的陰暗迷惑行徑。《說疑》對六十多個歷史人物和若干歷史事件進行了詳說，高度讚揚維護君權的臣子，對危害君權的臣子予以嚴厲抨擊。在此基礎上韓非提出君主的重要職責是「明於擇臣」，舉用善於「明法」的人，讓「便國利民」的大臣主事，並且擇臣要做到「內詳不避親，外舉不避仇」。與此同時，要堅決除「五奸」、破「四擬」，使奸邪之臣無機可乘，而禁奸的最好辦法是「禁心」。

本文的中心思想就是「禁奸以禁心為上」。禁心就是用法制觀念消除臣下為非作歹的邪惡念頭，然後按法律辦事。作者認為賞罰無疑是懲惡勸善的必要手段，是維護社會秩序的強制措施。但它的局限性在於對己功己罪的直接回報，對當事人起主要作用，對他人立新功、止新罪不能產生直接效應。所以會出現一方面是見義勇為者，一方面是惡性犯罪屢殺不止的局面。所以賞罰必須實施教育為先的原則：「太上禁其心，其次禁其言，其次禁其事。」禁心就是消除犯罪思想，禁言就是消除犯罪言論，禁事就是禁止犯罪行為。只有讓法制思想深入人心，並且廢止巧言空談，才能做到「民治而國安」。

凡治之大者，非謂其賞罰之當也。賞無功之人，罰不辜之民，非所謂明也。賞有功，罰有罪，而不失其人，方在於人者也，非能生功止過者也。是故禁奸之法，太上禁其心[1]，其次禁其言，其次禁其事。今世皆曰「尊主安國者，必以仁義智能」，而不知卑主危國者之必以仁義智能也。故有道之主，遠仁義，去智能，服之以法。是以譽廣而名威，民治而國安，知用民之法也。凡術也者，主之所執也；法也者，官之所師也。然使郎中日聞道於郎門之外[2]，以至於境內日見法，又非其難者也。

注釋

1 太上：最上，最重要的。心：指思想。

2 郎中：官名。始於戰國，主管侍衛、通報職責。聞：傳達。道：指法制的大道理。郎：通「廊」，指宮殿的廊。侍衛平時立在廊下。

譯文

治國的重要問題，不僅是賞罰。賞無功，罰無罪，不能算是明察。賞有功，罰有罪，就是完全沒有遺漏，僅僅在個別人身上起作用，還不能從根本上起到建功止過的大效果。因此，禁止奸邪的首要問題，在於首先禁止產生奸邪的思想，其次是禁止奸邪的言論，最後才是禁止奸邪的行為。今天世人都在說「使君主得到尊嚴，國家得到安定，必定要依靠仁義智能」，殊不知造成君主卑下、國家危難的原因，必定是由仁義智能造成的。因此有道君主，摒棄仁義，排斥智能，用法度使人服從。所以才能聲譽廣傳，威名遠揚，民眾安定，國家太平，這是懂得用民的方法。一般來說，術由君主掌握，法由官吏遵循執行。既然如此，派遣侍從郎官每天在宮門外傳達法制道理，以至於國內民眾當天都能看到法令，並不是一件難事。

賞析與點評

「禁奸之法，太上禁其心，其次禁其言，其次禁其事。」孔子言非禮勿視、聽、言、動，未及於「思」（「思無邪」原出《詩・魯頌・駉》，「思」本發語詞，後人誤為「思想」）。因為思想無可統制，而此處竟出此言，真專制極權統治之最！

詭使

本篇導讀——

「詭」，相反之意。「詭使」是批評君主採取的措施同應當貫徹執行的法治原則相違背，有法不依，違法辦事。韓非批評社會上出現的大量是非顛倒的現象，諸如耕戰守法之民遭到種種打擊和誣衊；破壞法令、誹謗現實的人，「無功而顯，無勞而富」等反常現象，均非下民之罪，「上失其道」的緣故。究其原因在於君主不能真正按照法治原則賞罰褒貶，特別是不能以法賞公禁私。他主張採取嚴厲措施，對「二心私學者」，應當「破其群」，「散其黨」，「禁其欲」，「滅其跡」，國家才能大治。

本文是《詭使》篇末段。文中指出君主不以法進行賞罰是世亂的根本原因。亂生於私，治亂必須廢私；治生於法，法廢私，則亂止。廢私是立法的根本目的之一，不以法治理臣下，必然會助長臣下行私枉法。私的存在，使君臣利害關係更加緊張。君主的「私」表現在法外施恩罰仇，臣下的「私」在於追求無功受賞，有過不罰，向君主爭奪更多的權勢，形成「奸人賴賞而富」、「賢者顯名而居」。由於臣下得勢，並用非法手段對付君主，因此，出現「上不勝下」的亂世局面。

夫立法令者以廢私也。法令行而私道廢矣。私者，所以亂法也。而士有二心私學巖居窞處託伏深慮[1]，大者非世，細者惑下；上不禁，又從而尊之以名，化之以實，是無功而顯，無勞而富也。如此，則士之有二心私學者，焉得無深慮、勉知詐與誹謗法令，以求索與世相反者也！凡亂上反世者，常士有二心私學者也。故《本言》曰[2]：「所以治者，法也；所以亂者，私也。法立，則莫得為私矣。」故曰：道私者亂，道法者治。上無其道，則智者有私詞[3]，賢者有私意。上有私惠，下有私欲，聖智成群，造言作辭，以非法措於上[4]。上不禁塞，又從而尊之，是教下不聽上、不從法也。是以賢者顯名而居，奸人賴賞而富。賢者顯名而居，奸人賴賞而富，是以上不勝下也。

注釋

1 二心：對君主產生二心，去追隨私學。窞：坑穴。託伏：假託隱居。

2《本言》：古代著作，已失傳。

3 私詞：指違法的言論。下文的「私意」，指違法的意圖；「私惠」，指法外的恩惠；「私欲」，指非法的慾望。

4 措：措置。

譯文

確立法令的目的是為了廢止私行。法令得以貫徹，私行就必被廢止。私行是擾亂法令的罪魁。現在那些懷有二心專搞私學、隱居山林、老謀深算的人，重則誹謗現實，輕則造謠惑眾。君主不加以禁止，還要進一步用美名抬高他們，用實利拉攏他們，結果就是使無功者顯貴，不勞者富有。這樣一來，懷有二心專搞私學的士人怎能不費盡心機、玩弄智巧和誹謗法令，去拚命追求那些和當代社會背道而馳的東西呀！大凡危害君主統治、反對現實社會的，常常就是那些身懷異心大搞私學的人。所以《本言》說：「國家安定靠的是法，國家混亂根源在私。法立起來的話，就沒有人再行私了。」所以說：傾向於私行的，社會必然混亂；傾向於法的，社會一定大治。君主不用法治，聰明的人就有違法言論，賢能的人就有違法企圖。君主有法外的恩惠，下面就有非法的慾望，「聖人和智者」就會聚眾結黨來製造謠言和詭辯，用非法手段對付君主。君主不嚴加禁止，反而對這些人大加尊崇，那就是教育下屬不聽從君主、不服從法令。結果賢人以顯赫的名聲處在高位，奸人依賴賞賜而富裕起來。賢人以顯赫的名聲處在高位，奸人依賴賞賜而富裕起來，因此，君主便再也控制不住臣下了。

六反

本篇導讀——

「六反」，就是六種奸偽之民，應受到斥責反而得到稱譽；六種耕戰之民，應得到稱譽反而受到斥責。韓非強調，不能把錯誤的社會輿論作為賞罰的依據，而要根據人的「計算之心」確立厚賞重罰的原則，鼓勵人們「以力得富，以事致貴」，禁絕一切違法行為，才能成就霸業。

本文所選在原篇前半之中，提出「君不仁，臣不忠」就是以法治國的精神。不仁就是不以君主的私行仁愛行賞罰；不忠就是不向君主私人盡忠，而是盡力以法立功受賞。君臣都以法為行事的標準，不用私心交往，真正做到以法律為準繩，就不難稱霸天下。這就是說君主、臣下都要把國家和法律放在首位。

在文段二中所講「嚴是愛」，旨在講嚴格執法，是為了愛護百姓，這是韓非的基本治國之道。他認為，奸人在必被發現、必定要受懲罰的情況下，才不敢鋌而走險。在鬧市掛置百金，出名的大盜也不敢輕易出手；在不被發覺的情況下，奸人就會放肆；把貴重財物放在暗處，有修養的人都有可能動心。所以，韓非主張明君治國必用法令約束民眾，重罰犯罪，而不是用廉潔的品德説教，讓奸人停止作惡。這就是韓非愛不足以治國，嚴可以止惡的法治思想。不講愛的嚴，稱為酷吏；不講愛民的嚴刑峻法，必是暴政。因此，把嚴與愛對立起來的思想、行為都是錯誤的。

一

古者有諺曰：「為政猶沐也，雖有棄髮，必為之。」愛棄髮之費而忘長髮之利，不知權者也[1]。

夫彈痤者痛[2]，飲藥者苦，為苦憊之故不彈痤飲藥，則身不活，病不已矣。

今上下之接，無子父之澤[3]，而欲以行義禁下[4]，則交必有郤矣[5]。且父母之於子也，產男則相賀，產女則殺之。此俱出父母之懷衽[6]，然男子受賀，女子殺之者，慮其後便，計之長利也。故父母之於子也，猶用計算之心以相待也，而況無父子之澤乎？

今學者之説人主也，皆去求利之心，出相愛之道，是求人主之過父母之親也，此不熟於論恩，詐而誣也，故明主不受也。聖人之治也，審於法禁，法禁明著，則官治；必於賞罰，賞罰不阿[7]，則民用。民用官治則國富，國富則兵強，而霸王之業成矣。霸王者，人主之大利也。人主挾大利以聽治，故其任官者當能，其賞罰無私。使士民明焉，盡力致死，則功伐可立而爵祿可致[8]，爵祿致而富貴之業成矣。富貴者，人臣之大利也。人臣挾大利以從事，故其行危至死，其力盡而不望[9]。此謂君不仁，臣不忠，則可以霸王矣。

注釋

1 不知權：不懂得衡量利害得失。權，權衡。

2 彈：古代一種用石針治病的方法。痤：癰。

3 子父之澤：父子間的恩澤。

4 行義：通「行誼」，品德。

5 郤：同「隙」，裂痕。

6 懷衽（粵：任；普：rèn）：懷抱。衽，衣襟。

7 阿：偏私。

8 功伐：功勞。爵：古代貴族的等級稱號。致：獲得。

9 望：怨恨。

譯文

古人有句諺語說：「執政好比洗頭一樣，即使有一些頭髮掉落，還是必須洗頭。」看重掉頭髮的損耗，而忘記促使頭髮生長的好處，是不懂得權衡利弊的人。針刺痤瘡是痛的，吃藥是苦的。因為苦痛的緣故就不刺割痤瘡和不吃藥，就救不了命，治不了病。

現在君臣相結交，沒有父子間的恩澤，卻想用施行仁義去控制臣下，那麼君臣之間的交往必定會出現裂痕。況且父母對於子女，生了男孩就互相祝賀，生了女孩就把她弄死。子女都出自父母的懷抱，然而是男孩就受到祝賀，是女孩就弄死的原因，是考慮到今後的利益，而從長遠打算的。所以父母對於子女，尚且用計算利弊相對待，何況是對於沒有父子間恩澤的人呢？

現在學者遊說君主，都要君主拋棄求利的打算，而採用相愛的原則，這是要求君主有超過父母對於子女的親情，這是對恩澤問題的無知之談，是謊言和欺詐，所以明君是不接受的。聖人治理國家，一是能詳細地考察法律禁令，法律禁令彰明了，官府事務就會得到妥善治理；二是能堅決地實行賞罰，賞罰不出偏差，民眾就會聽從驅使。民眾聽從驅使，官府事務得到順利完成，國家就富強；國家富強，兵力就強盛。結果，統一天下的大業也就隨之完成了。統一天下，是君主最大的利益。君主懷着統一天下的目的來治理國家，所以他根據能力任用官員，實行賞罰沒有私心。要讓士人民眾明白，為國家盡力拚死，功勞就可建立，爵祿就可獲得；獲得爵祿，富貴的事業就完成了。富貴是臣子最大的利益。臣子懷着取得富貴的目的來辦事，所以他們會冒着生命危險辦事，竭盡全力，死而無憾，這叫做君主不講仁愛，臣下不講對君主個人的忠心，就可以統一天下。

賞析與點評

「父母之於子也，猶用計算之心」，韓非立言甚盡，其天性與童年所遇所見可知。

二

夫奸，必知則備[1]，必誅則止[2]；不知則肆，不誅則行。夫陳輕貨於幽隱[3]，

雖曾、史可疑也[4]；懸百金於市，雖大盜不取也。不知，則曾、史可疑於幽隱；必知，則大盜不取懸金於市。故明主之治國也，眾其守而重其罪，使民以法禁而不以廉止。母之愛子也倍父，父令之行於子者十母；吏之於民無愛，令之行於民也萬父。母積愛而令窮，吏用威嚴而民聽從，嚴愛之策亦可決矣。且父母之所以求於子也，動作則欲其安利也，行身則欲其遠罪也。君上之於民也，有難則用其死，安平則盡其力。親以厚愛關子於安利而不聽[5]，君以無愛利求民之死力而令行。明主知之，故不養恩愛之心而增威嚴之勢。故母厚愛處，子多敗，推愛也；父薄愛教笞[6]，子多善，用嚴也。

注釋

1 知：察知。備：停止。

2 誅：懲罰。

3 輕貨：價值低的物品。幽隱：不顯眼而隱蔽的地方。

4 曾、史：指曾參、史鰌。曾參是孔丘的門徒，史鰌也稱史魚，春秋時衞國大夫。二人在古代都被認為是有道德修養的人。

5 關：安置，安排。

6 笞（粵：癡；普：chī）：用竹板施刑的一種體罰。

譯文

奸人在一定能被察覺的情況下，才會罷手；在一定要受懲罰的情況下，才不敢冒險。在不能被察覺的情況下，他就會放肆；在不會受懲罰的情況下，他就要橫行。把廉價的東西放在暗僻之處，即使是曾參、史鰌這樣有修養的人也有私取的可能；把百金放置在鬧市，即使出名的盜賊也不敢輕取。不被察覺，曾參、史鰌就可能在暗處放鬆要求自己；一定察覺，大盜就不敢在鬧市上取走掛置的百金。所以明君治理國家，多設耳目，重罰罪犯，使民眾由於法令而受到約束，不靠廉潔的品德而停止作惡。母親愛護子女要倍於父親，然而父親嚴令子女的效果十倍於母親；官吏對於民眾沒有愛心，然而對於民眾發號施令，其效果萬倍於父親。母親過分寵愛子女，命令就行不通；官吏運用刑罰的威嚴，命令就能讓人服從。採用威嚴的辦法好，還是仁愛的心腸好，由此也就可以決斷了。況且父母寄希望於子女的，行動上是想讓他們安全有利，做人上是想他們不去犯罪。君主對於民眾，危難時就要他們拚死作戰，安定時就要他們盡力耕作。父母懷着深厚的愛，把子女安排在安全有利的環境中，但子女卻不聽父母的話；君主在不用愛與利的條件下要求民眾為國家出死力，命令卻能行得通。明君懂得這些，所以不發仁愛之心而加強威嚴之勢。母親對子女厚愛，子女多數不爭氣，是因為寵愛的結果；父親不偏愛，常用體罰，子女多數有出息，是因為管教嚴厲的結果。

賞析與點評

世情如此，可謂痛切。諺云：慈母多敗兒。

八經

本篇導讀——

「八經」是韓非論述君主治國的八項基本原則，全面闡述以法為主、法術勢相結合的法治主張。他提出君主執法要像天一樣公正，用術要像鬼神一樣妙不可測。《八經》全文都貫穿着這樣的觀點。「因情」一節論賞罰之必要；「主道」一節講君主「盡人之智」的方法；「主威」一節提出「設法變以齊民」；「立道」一節講「參伍之道」的策略；「類柄」一節論君主深沉不露的重要性；「參言」一節提出了檢驗言論的一系列方法，如此等等，莫不貫穿法治思想。

本文文段一選自《八經》的「因情」，提出任勢的關鍵是從實踐出發。君主任勢不能隨心所欲，脫離實際的賞罰與任勢學說也是格格不入的。賞罰之所以可行，不是由君主的意志實行，而是由人情來決定。人有好惡之性，賞罰才有實行的可能。人不受賞、不畏罰，賞罰也就失去作用。人趨利避害，法制就規定用爵祿之利來鼓勵立功求利，懲罰犯罪讓人們避免災禍。

這樣做，賞罰才能奏效。妄殺或賞無功者，不依法辦事，賞罰也就失去鼓勵和懲戒意義。只有賞罰分明了，依法治國的原則和方法也就完備了。

凡治天下，必因人情。人情者有好惡[1]，故賞罰可用；賞罰可用，則禁令可立，而治道具矣。君執柄以處勢，故令行禁止。柄者，殺生之制也；勢者，勝眾之資也。廢置無度則權瀆[2]，賞罰下共則威分。是以明主不懷愛而聽，不留說而計[3]。故聽言不參[4]，則權分乎奸；智力不用，則君窮乎臣[5]。故明主之行制也天[6]，其用人也鬼[7]。天則不非，鬼則不困。勢行教嚴，逆而不違，毀譽一行而不議。故賞賢罰暴，舉善之至者也；賞暴罰賢，舉惡之至者也：是謂賞同罰異[8]。賞莫如厚，使民利之；譽莫如美，使民榮之；誅莫如重[9]，使民畏之；毀莫如惡，使民恥之。然後一行其法，禁誅於私家[10]，不害功罪。賞罰必知之，知之，道盡矣。

注釋

1 好惡：喜好和厭惡，指好利惡害。

2 度：標準。瀆（粵：讀；普：dú）：輕慢，不敬。

3 說：同「悅」。

4 參：檢驗，多方面地驗證。

5 窮：困窘。

6 天：比喻公正無私。

7 鬼：比喻神妙莫測。

8 賞同罰異：獎賞和自己的要求相同的，懲罰和自己的要求不同的。

9 誅：責罰。

10 私家：指臣下。

譯文

凡要治理天下，必須依據人情。人之常情有好利和惡害兩種性情，因而賞和罰可據以使用；賞和罰可據以使用，法令就可據以建立起來，治國政策也就完備。君主掌握權柄並據有勢位，所以能夠令行禁止。權柄是決定生殺的大權，勢位是制服眾人的威懾力量。取捨無章可循，君權就不神聖了；如果和臣下共掌賞罰大權，君主的威勢就分散了。因此，明君不帶偏愛去聽取意見，不抱成見去謀劃事情。所以聽取意見不加驗證的話，權力就會被奸臣割取；不能使大家盡心竭力，君主就會受臣下困迫。所以明君行使權力時像天一樣光明正大，任用臣下時像鬼神一樣神妙莫測。光明正大，就不會遭到反對；神妙莫測，就不會陷入困境。君主運用權勢，管教嚴厲，臣民即使有抵觸情緒，也不敢違背，毀譽褒貶的標準始終如一，不容有妄自非議的餘地。所以獎賞賢人，懲罰暴行，是鼓勵做善事的最好辦法；獎賞暴行，懲罰賢人，是鼓勵幹惡事的最壞辦法：這就是獎賞和自己口味相同的，懲罰和自己口味不同的做法。賞賜最好優厚一些，使民眾覺得有利；讚揚最好美好一些，使民眾感到榮耀；懲罰最好嚴重一些，使民眾感到害怕；貶斥最好難堪一些，使民眾感到羞恥。然後堅決把法制貫徹下去，禁止臣下私行誅罰，不讓他們破壞賞功罰罪的制度。賞罪一定要分明；分明，治國的原則和方法就完備了。

賞析與點評

「凡治天下，必因人情。」此語合理合情，亦為治世之方；問題在：法何由立，為誰立法？審此，則知古今法治之異。

五蠹

本篇導讀——

《五蠹》是韓非法治思想的代表作。「蠹」是蛀蟲。「五蠹」是五類破壞法治的人群，其中的學者主要指儒者，言談者指縱橫家，帶劍者指游俠，患御者指逃避兵役的人，商工之民指廣大經營工商業的人。韓非認為這五種人是國家的蛀蟲，國君應當嚴禁他們的活動，甚至應加以消除。韓非以進化論歷史觀為理論基礎，提出「世異則事異，事異則備變」的理論，認為不同的時代應有不同的治國方法，當代治國方法應當「超五帝侔三王」，做到「無書簡之文，以法為教；無先王之語，以吏為師；無私劍之捍，以斬首為勇」。如此，才能實現「無事則國富，有事則兵強」的強大國家。

在所選文段一中，韓非闡述了自己的歷史觀。韓非提出社會發展經歷了上古之世、中古之世、近古之世，三世是發展進化的，當今之世是由前世演變而來；每個當世的制度，又不是一成不變的沿襲下來。三世而後，是春秋爭霸演化為戰國爭雄的局面，宗法封建制被打破，代之而起的是變法革新的浪潮，韓非繼承了商鞅「便國不心法古」的主張，提出「聖人不修古，不法常可」的主張，順應時勢，開拓新的局面，必須脱離舊制度，實行以法治國的方針。他的三世進化論就是為這一目的尋找歷史根據的，以便為新聖創建嶄新的「當今之世」，提供理論上的支持。

在所選文段二中，韓非提出中世天子不如當今縣令，意在説明時代在變化，社會在進化，生產方式發展了，人們的生活方式也會隨着提高，人們的觀念自然會跟着改變。所以國家制定政令，應根據社會情況而定。

文段三是寓言「守株待兔」的原始出處，喻守舊者的愚蠢可笑。守舊人物首先是指死守舊制度、按舊辦法治理國家的君主大臣，他們無視禮崩樂壞的大趨勢，堅持不走變法圖強之路，而是拘泥舊制，抱殘守缺。鼓吹舊制度的人們，也就是寓言末尾所指出的「欲以先王之政，治當世之民，皆守株之類也」。這畫龍點睛之筆點出的守株者，就是當世掌握權勢的守舊派人物。

在文段四中，韓非指出，「五蠹」之民是當時社會上的寄生、畸形發展的階層，對於法家提倡的耕戰政策，起着干擾破壞作用：「出兵則軍敗，退守則城拔」；「蓄積待時，而侔農夫之利」；違法亂紀，「犯五官之禁」。「五蠹」興盛，國家就衰敗，嚴重危害君主專制。重農抑商政策就是基於這種認識出臺的。秦始皇的焚書坑儒的極端措施與這種除五蠹思想認識不無關係。事實證明，除五蠹的主張並未收到多大的實際效果。法律重農輕商，農民越貧窮；法律賤商人，商人越富貴，甚至形成了官僚、地主、商人三位一體的新興地主階級集團，抑商政策已經軟弱無力。此外，把文學之士列為蛀蟲，都不可取，這是《五蠹》篇的局限性所在。

一

上古之世，人民少而禽獸眾，人民不勝禽獸蟲蛇。有聖人作[1]，構木為巢以避群害，而民悅之，使王天下[2]，號之曰有巢氏[3]。民食果蓏蚌蛤[4]，腥臊惡臭而傷害腹胃[5]，民多疾病。有聖人作，鑽燧取火[6]，以化腥臊，而民說之[7]，使王天下，號之曰燧人氏[8]。中古之世，天下大水，而鯀、禹決瀆[9]。近古之世，桀、紂暴亂，而湯、武征伐。今有構木鑽燧於夏后氏之世者，必為鯀、禹笑矣；有決瀆於殷、周之世者，必為湯、武笑矣。然則今有美堯、舜、湯、武、禹之道於當今之世者，必為新聖笑矣[10]。是以聖人不期修古[11]，不法常可[12]，論世之事，因為之備。

注釋

1 作：起來，興起。

2 王：稱王，即統治。

3 有巢氏：傳説中發明巢居的人或人群。

4 果蓏（粵：裸；普：luǒ）：瓜果的總稱。蓏，瓜類植物的果實。蛤（粵：鴿；普：gé）：蛤蜊。

5 惡臭：難聞的氣味。

6 燧：古代取火的器具。

7 説：同「悦」，喜歡。

8 燧人氏：傳説中發明鑽木取火的人或人群。

9 鯀（粵：滾；普：gǔn）、禹決瀆：傳説鯀是禹的父親，夏后氏的部落首領。他奉堯的命令治水，採用攔河築壩的方法，沒有成功，被舜殺死；禹接受了他父親的教訓，疏通河道，導流入海，治服了洪水。決，疏通。瀆，通海的河道。

10 新聖：新時代的聖人。

11 期：期望，羨慕。修古：遠古。修，亦作「習、治」解。

12 法：效法。常可：永遠適宜的辦法，陳規。

譯文

在上古時代，人口稀少，鳥獸眾多，人民受不了禽獸蟲蛇的侵害。這時候出現了一位聖人，他發明在樹上搭窩棚的辦法，用來避免遭到各種傷害，人們因此很愛戴他，推舉他來治理天下，稱他為有巢氏。當時人民吃的是野生的瓜果和蚌蛤，腥臊腐臭，傷害腸胃，許多人得了疾病。這時候又出現了一位聖人，他發明鑽木取火的方法燒烤食物，除掉腥臊味，人們因而很愛戴他，推舉他治理天下，稱他為燧人氏。到了中古時代，天下洪水泛濫，鯀和他的兒子禹先後負責疏通河道，排洪治災。近古時代，夏桀和商紂殘暴昏亂，商湯和周武王就起兵討伐。如果在夏朝的時代還有人構木為巢、鑽木取火，一定會被鯀、禹所嗤笑；在殷、商時代還有人把疏通河道當作緊急之務的，一定會被商湯和周武王所嗤笑。那麼，如果當今還有人稱讚堯、舜、禹、湯、武那一套辦法，也一定要被當代的聖人所嗤笑了。所以，聖人不嚮往久遠的古代，不效法恆久不變的常規，要研究當代的社會情況，並據此為它制定相應的措施。

賞析與點評

王充《論衡・謝短篇》云：「知古不知今，謂之陸沉」，「知今不知古，謂之盲瞽」，論較折中。

二

宋人有耕田者，田中有株，兔走觸株，折頸而死，因釋其耒而守株[1]，冀復得兔[2]。兔不可復得，而身為宋國笑。今欲以先王之政[3]，治當世之民，皆守株之類也。

注釋

1 釋：丟下。耒（粵：類；普：lěi）：古代翻土的農具。

2 冀：希望。

3 先王：這裏指堯、舜、禹、湯、武。

譯文

有個宋國人在田裏耕作，田中有一個樹樁，一隻兔子奔跑時撞在樹樁上碰斷脖子死了。從此這個宋人便放下手中的農具，守在樹樁旁邊，希望再撿到撞死的兔子。他當然不可能再得到兔子，自己卻被宋國人所嗤笑。現在假使還要用先王的政治來治理當代的民眾，那就無疑和守株待兔之類人一樣可笑了。

賞析與點評

諸子論愚痴者，時以宋人為例。如此處「守株待兔」佳喻，亦自千古。

三

古者丈夫不耕[1]，草木之實足食也；婦人不織，禽獸之皮足衣也。不事力而養足，人民少而財有餘，故民不爭。是以厚賞不行，重罰不用，而民自治。今人有五子不為多，子又有五子，大父未死而有二十五孫[2]。是以人民眾而貨財寡，事力勞而供養薄，故民爭，雖倍賞累罰而不免於亂。

堯之王天下也，茅茨不翦[3]，采椽不斲[4]；糲粢之食[5]，藜藿之羹[6]；冬日麑裘[7]，夏日葛衣[8]；雖監門之服養[9]，不虧於此矣。禹之王天下也，身執耒臿[10]，以為民先；股無胈[11]，脛不生毛[12]，雖臣虜之勞，不苦於此矣。以是言之，夫古之讓天子者，是去監門之養，而離臣虜之勞也，古傳天下而不足多也[13]。今之縣令，一日身死，子孫累世絜駕[14]，故人重之。是以人之於讓也，輕辭古之天子，難去今之縣令者，薄厚之實異也[15]。夫山居而谷汲者[16]，膢臘而相遺以水[17]；澤居苦水者，買庸而決竇[18]。故饑歲之春，幼弟不餉[19]；穰歲之秋[20]，疏客必食。非疏骨肉，愛過客也，多少之實異也。是以古之易財[21]，非仁也，財多也；今之爭奪，非鄙也[22]，財寡也。輕辭天子，非高也，勢薄也；重爭士橐[23]，非下也，權重也。故聖人議多少、論薄厚為之政。故罰薄不為慈，誅嚴不為戾[24]，稱俗而行也。故事因於世，而備適於事。

注釋

1 丈夫：泛指成年男子。

2 大父：祖父。

3 茅茨（粵：詞；普：cí）：茅草蓋的屋頂。

4 采：櫟木。椽：架在屋頂檁木上的木條。斲：砍削。

5 糲粢（粵：厲姿；普：lì zī）：泛指粗劣的食物。糲，粗米。粢，穀類。

6 藜：一年生草本植物，嫩葉可吃。藿：豆葉。羹：濃湯。

7 麑（粵：倪；普：ní）裘：泛指獸皮衣服。麑，小鹿。裘，皮衣。

8 葛衣：粗布衣。葛，一種多年生蔓草，根可吃，纖維可織布。

9 雖：即使。監門：看門的人。服養：指穿的和吃的。

10 臿（粵：插；普：chā）：鍬。

11 股：大腿。胈（粵：拔；普：bá）：肌肉。

12 脛：小腿。

13 多：稱譽，讚美。

14 累世：接連幾代。絜駕：繫馬套車。這裏指是有馬車坐。

15 薄厚：指利益的大小。

16 汲：取水。

17 膢：楚國人二月間祭祀飲食神的節日。臘：祭名，周曆十二月（夏曆十月）舉行，祭祀百神。遺（粵：惟；普：wèi）：贈送。

18 庸：僱工。竇：孔洞。這裏指溝渠。

19 餉：供給食物。

20 穰（粵：羊；普：ráng）：莊稼豐熟。

21 易：看輕。

22 鄙：貪吝。

23 士：通「仕」，做官。橐：通「託」，依託，指依附貴族。

24 戾：兇暴。

譯文

在古代，男人不耕地，野生的果實足夠吃；婦女不用紡織，禽獸的皮足夠穿。不用費力而供養充足，人口少而財物有餘，所以人們之間用不着爭奪。因而不實行厚賞，不使用重罰，而民眾自然安定。現在人們養有五個兒子並不算多，每個兒子又各有五個兒子，祖父還沒有死就會有二十五個孫子。人口多了，而財物缺乏，費盡力氣勞動，還是不夠吃用，所以民眾互相爭奪，即使加倍地獎賞和不斷地懲罰，仍然免不了要發生混亂。

堯統治天下的時候，住的是沒經修整的茅草房，連櫟木椽子都不曾砍削；吃的是粗糧，喝的是野菜湯；冬天披塊小鹿皮，夏天穿着麻布衣，即使現在看門奴僕的生活，也不比這差。禹統治天下的時候，親自拿着鍬鋤，帶領人們幹活；累得大腿的肉減少了，小腿上的汗毛都磨光，即使奴隸們的勞役也不過如此。由此說來，古代讓出天子地位的人，不過是辭掉了看門奴僕般的苦差，擺脫奴隸樣的繁重勞苦罷了，所以把天下傳給別人也並不值得讚美和戀念。如今的縣令，一旦死了，他的子孫世世代代乘肥馬坐堅車，所以人們看重縣令的職位。因此人們對於讓位這件事，能夠輕易地辭掉古代的天子地位，卻難以捨棄今天的縣令職位，這是因為利益大小的實際情況不同啊。住在山上到深谷去打水的人們，節日裏用水做禮物互相贈送；住在窪地苦於水澇的人們，卻要僱人挖渠排水。所以荒年的春天，對自己的幼弟也不能管飯；豐年的秋天，對疏遠的過客也一定招待吃喝。這並不是疏遠親人，而偏愛過客，是因為收成多少的實際情況不同啊。因此古人看輕財物，並不是仁慈，而是因為財物多；今人發生爭奪，並不是貪吝，而是因為財物少。輕易地辭掉天子榮譽，不是甚麼品德高尚，而是因為古代權位太輕；爭奪官職和依附權貴，不是甚麼品德卑下，而是因為當今權勢太重。因此聖人研究社會財富的多少，考慮權勢的輕重，來制定他的政令。刑罰輕不算是仁慈，責罰嚴不算是暴虐，是適應社會情況而行事。所以國家應做的事情取決於社會情況的變化，而應備的措施要跟所做的事情相適應。

賞析與點評

此從物質經濟立論，自有至理，但理不盡此而已。

四

故明主之國，無書簡之文[1]，以法為教；無先王之語，以吏為師；無私劍之捍[2]，以斬首為勇[3]。是境內之民，其言談者必軌於法[4]，動作者歸之於功[5]，為勇者盡之於軍。是故無事則國富，有事則兵強，此之謂王資。既畜王資而承敵國之舋[6]，超五帝侔三王者[7]，必此法也。

民之政計，皆就安利如辟危窮[8]。今為之攻戰，進則死於敵，退則死於誅，則危矣。棄私家之事而必汗馬之勞，家困而上弗論，則窮矣。窮危之所在也，民安得勿避？故事私門而完解舍[9]，解舍完則遠戰，遠戰則安。行貨賂而襲當塗者則求得[10]，求得則私安，私安則利之所在，安得勿就？是以公民少而私人眾矣[11]。

夫明王治國之政，使其商工遊食之民少而名卑，以寡趣本務而趨末作[12]。今世近習之請行[13]，則官爵可買；官爵可買，則商工不卑也矣。姦財貨賈得用於市[14]，則商人不少矣。聚斂倍農而致尊過耕戰之士[15]，則耿介之士寡而商賈之民多矣。是故亂國之俗：其學者，則稱先王之道以籍仁義[16]，盛容服而飾辯說，以疑當世之法[17]，而貳人主之心[18]。其言談者，為設詐稱[19]，借於外力，以成其私，而遺社稷之利。其帶劍者，聚徒屬，立節操，以顯其名而犯五官之禁[20]。其患御者，積於私門，盡貨賂，而用重人之謁[21]，退汗馬之勞。其商工之民，修治苦窳之器[22]，聚弗靡之財[23]，蓄積待時，而侔農夫之利[24]。此五者[25]，邦之蠹也。人主不除此五蠹之民，不養耿介之士，則海內雖有破亡之國，削滅之朝，亦勿怪矣。

注釋

1 書簡：即書籍。古代把字寫在竹簡上，所以稱「書簡」。

2 捍：通「悍」，強悍。

3 斬首：當時計軍功以砍下敵首數量計算。「以斬首為勇」就是爭立戰功。首，指帶甲士兵之首。

4 軌：合，統一。

5 動作者：指從事勞動的人。功：指農耕。

6 既：已經。畜：積蓄，積累。承：乘的意思。亹：同「釁」，縫隙，引申為弱點。

7 五帝：一般指古史傳說中的黃帝、顓頊、帝嚳、堯、舜。侔：相等，齊等。三王：指夏禹、商湯和周文王、武王等三代的開國君主。

8 就：趨近，追求。如：而。辟：躲避。

9 私門：指權門豪族。完：修治。解舍：官署房屋。解，通「廨」。

10 襲：依附。當塗者：當權者。塗，同「途」。求得：要求得到滿足。

11 公民：指為國出力的人。私人：指依附於權門豪族的人。

12 以：因為。趣：趨向。本務：指農耕。末作：指商業和手工業。

13 近習：指君主左右的親信。

14 奸財貨賈：指用非法之財做買賣。

15 聚斂：搜括，指奸商牟取暴利。致尊：獲得別人的尊重。

16 籍：通「藉」，依託，憑藉。

17 疑：擾亂。

18 貳：惑亂。

19 為設詐稱：說謊造假，故弄玄虛。為：通「偽」，虛假。

20 五官之禁：泛指國家的禁令。五官，司徒、司馬、司空、司士、司寇，當時分掌國家各種權力的官。

21 重人：掌握權勢的人。謁：請托。

22 苦窳（粵：羽；普：yǔ）：粗劣。

23 弗靡：奢侈。弗，通「費」。

24 侔：求，謀取。

25 五者：指學者、言談者、帶劍者、患御者、商工之民等五種人。

譯文

英明君主的國家，摒棄古代的書簡典籍，而以法令來教育民眾；禁絕先王的言論，而以官吏為教師；制止游俠刺客的兇悍活動，而把殺敵立功視為勇敢。所以國內的百姓，那些擅長言談的人一定要遵循法令講話，從事勞動的人讓他們都回到農業生產中去，逞勇的人讓他們全部到軍隊中去服役。這樣太平時期國家富足，戰爭時期兵力也很強盛，這就是統一天下的資本。既積蓄了統一天下的資本，又能利用敵國的弱點，那麼要超過五帝和三王媲美，一定得採用這種辦法。人們的通常打算，都是追求安全和利益而避開危險和困苦。現在讓他們去作戰，前進就會被敵人殺死，後退又要受軍法懲處，那他就危險了。拋棄了個人的家事，堅決去承受作戰的勞苦，家庭有困難上面也不過問，那他家可夠困苦的。面臨困苦和危險的處境，百姓怎能不逃避呢？所以他們就去服差役，侍奉私門貴族，這樣就具備了免除兵役的條件，免除兵役的條件具備了，就可以遠離戰爭，遠離戰爭就可以保證安全。用錢財進行賄賂並去投靠當權者，就可以使自己的要求得到滿足，要求得到滿足了，就能保證自身安全。保證自身安全是看得見的利益，怎能不追求呢？這樣，為君主服務的人就少，而為權臣效勞的人就多。

英明君主治理國家的政策，總是使工商業者和遊手好閒的人盡量減少，而且使他們名位卑賤，因為從事農耕的人太少而經營工商業的太多了。現在社會上向君主親近的侍臣請託的風氣很盛行，這樣官爵就可以買到；官爵可以買到，那麼工商業者的地位就不卑賤了。投機倒把的商業活動可以在市場上通行，那麼商人就不會少了。奸商搜括到的財富超過農民收入的幾倍，獲得的尊位又超過從事耕戰的人，這樣光明正直的人就會減少，而從事工商業的人就會增多。所以造成國家混亂的社會風氣是：那些學者，稱頌先王之道，借重仁義進行說教，講究儀表服飾而又修飾言辭，用來擾亂當代的法制，惑亂君主實行法治的決心。那些縱橫家，虛構事實說謊弄假，藉助於別國的力量，來謀求個人的私利，卻把國家的利益拋在一邊。那些游俠刺客，聚集黨徒，標榜氣節，用來顯揚他們的名聲，而違犯國家的禁令。那些逃避兵役的人，聚集在權臣貴族門下，大行賄賂，依仗權貴的請託，逃避從軍作戰的勞苦。那些工商業者，粗製濫造器物，聚集奢侈財物，囤積起來待機出售，牟奪農民的利益。這五種人，是國家的蛀蟲。君主如果不除掉這五種像蛀蟲一樣的人，不收養光明正大的人，那麼天下即使出現殘破覆亡的國家，地削國滅的朝廷，也是不足為怪的了。

賞析與點評

「故明主之國，無書簡之文，以法為教；無先王之語，以吏為師；無私劍之捍，以斬首為勇。」數語道盡先秦法家愚民之治，用百姓為牛馬虎狼，變國家為戰爭機器。

顯學

本篇導讀——

「顯學」，顯赫的學派，指當時儒、墨兩家。韓非在此對兩個學派，特別是儒家學派進行了猛烈抨擊，這正反映了戰國時代「百家爭鳴」的興盛局面。這種局面是歷史發展的必然。當時的爭鳴並非純學術之爭，而核心是以甚麼思想進行統一，結束分裂，再就是統一之後用甚麼思想治天下。韓非在這篇文章裏批評儒家的「言先王之仁義」是「愚誣之學」，「無益於治」，而提出「舉實事，去無用」，彰明法度，勵行賞罰，倡導耕戰，增強國力，才是正確的治國之道。韓非作為法家學派的代表人物，提出以法治國、富國強兵的路線，這當然是統一戰爭的最佳選擇。秦沿用這條路線，完成了統一中國的歷史使命。但是，法家路線也有其致命弱點，如排斥仁義，反對儒家治國要「順民之心」的主張，認為民智不可用，顯然是法家的偏見。歷史已經證明「百家爭鳴」產生了諸子百家學說，這是中國傳統文化的精華，不論儒家、墨家，也不論法家，各有其長，治國者應綜合百家之精髓，取長補短，形成完善的治國方略，是符合歷史發展需要的。秦王朝實行單一的嚴刑峻法路線，一味排斥百家學術，結果是短命而亡。漢朝以後歷代，改用以儒家學說為尊，同時又兼採道家、法家思想，結果使中國封建社會長期延續不衰。因此，研究儒法思想，不應存任何偏見，而是兼收併蓄，取其精華，棄其糟粕，才能做到古為今用。

本文所選文段一中，韓非表現出法家與百家學說不能兩立之勢的鮮明態度。文段二中所說不以言貌取人，是韓非批評孔子等不用法取人帶來不良後果。以貌取人，在子羽身上出現偏差；以言取人，在宰予身上出現錯誤。魏、趙國君任只重紙上談兵之將，招致近六十萬人的慘死。血的教訓告誡人們，高官必定從地方小吏選任，猛將必定從士兵中提拔。有功必賞，越受激勵，逐級提升官職，辦事就越有成效。如此以法治吏用人，才是成王之道，也是推崇法家的體現。

陳耀南按：上古學術，守於王官，春秋以來，學術下移，而又戰國趨於政治一統，韓非本文所說可見中央集權論者企圖管制思想學術的一種嘗試。

一

自愚誣之學、雜反之辭爭[1]，而人主俱聽之，故海內之士，言無定術[2]，行無常議[3]。夫冰炭不同器而久，寒暑不兼時而至，雜反之學不兩立而治[4]。今兼聽雜學繆行同異之辭[5]，安得無亂乎？聽行如此，其於治人又必然矣。

注釋

1 愚誣之學：愚蠢欺騙的學說。指儒、墨學說。雜反之辭：指百家不同學派的學說。

2 言無定術：言論沒有固定的宗旨。術，道。這裏有「宗旨」的意思。

3 行無常議：行動沒有一定的準則。常，固定。議，通「儀」，標準。

4 雜反之學不兩立而治：雜亂矛盾的學說不能與法治學說同時並存來治理國家。

5 雜學：雜亂的學說，指「無定術」之學。繆行：指「無常議」的行為。繆，通「謬」，荒謬，顛倒。同異：互相矛盾。

譯文

出現愚蠢騙人的學說、雜亂相反的論爭，君主卻都聽信不疑，結果世上的人，說話沒有一定標準，辦事沒有固定法則。要知道，冰和炭是不能長久放在同一個器皿中，寒冷和暑熱不能同時到來，雜亂相反的學說兼收併蓄不能治理好國家。現在君主對於那種雜亂、荒謬和矛盾百出的言行全都聽信，怎麼能不造成混亂呢？聽話、行事這個樣子，君主在治理民眾時也就必然好不了。

二

澹臺子羽[1]，君子之容也，仲尼幾而取之，與處久而行不稱其貌。宰予之辭[2]，雅而文也，仲尼幾而取之，與處久而智不充其辯。故孔子曰：「以容取人乎，失之子羽；以言取人乎，失之宰予。」故以仲尼之智而有失實之聲。今之新辯濫乎宰予，而世主之聽眩乎仲尼，為悅其言，因任其身，則焉得無失乎？是以魏任孟卯之辯[3]，而有華下之患[4]；趙任馬服之辯[5]，而有長平之禍[6]。此二者任辯之失也。夫視鍛錫而察青黃[7]，區冶不能以必劍[8]；水擊鵠雁[9]，陸斷駒馬，則臧獲不疑鈍利。發齒吻形容，伯樂不能以必馬[10]；授車就駕，而觀其末塗[11]，則臧獲不疑駑良[12]。觀容服，聽辭言，仲尼不能以必士；試之官職，課其功伐[13]，則庸人不疑於愚智。故明主之吏，宰相必起於州部[14]，猛將必發於卒伍。夫有功者必賞，則爵祿厚而愈勸；遷官襲級，則官職大而愈治。夫爵祿大而官職治，王之道也。

注釋

1 澹（粵：談；普：tán）臺子羽：姓澹臺，名滅明，字子羽，春秋末期魯國人，孔丘的門徒。

2 宰予：字子我，春秋末期魯國人，孔丘的門徒，以善辯出名。

3 孟卯：即芒卯，一作昭卯，戰國時魏國的相，有口才。

4 華下之患：前二七三年，孟卯率魏軍聯合趙軍攻韓，秦將白起來救，戰於華下，魏、趙聯軍大敗，死傷十五萬。華下，即華陽，戰國時韓國地名，位於今河南密縣東北。

5 馬服：山名，位於今河北邯鄲西北。趙國名將趙奢以功封為馬服君，這裏指他的兒子趙括。

6 長平之禍：前二六〇年，秦攻趙，與趙軍相拒於長平，好紙上談兵的趙括兵敗，趙軍被坑殺四十萬。長平，趙國地名，位於今山西高平西。

7 鍛錫：古人鍛煉金屬時摻的錫。青黃：鍛煉金屬時的火色。

8 區（粵：歐；普：ōu）冶：人名，即歐冶子，春秋末期越國人，鑄劍名匠。
9 鷗：水鳥名，俗稱天鵝。
10 伯樂：人名，春秋末期晉國人，善於相馬。
11 塗：同「途」。
12 駑：劣馬。
13 課：考核。功伐：功績。
14 州部：古代一種基層行政單位。

譯文

澹臺子羽，有君子風度，孔子認為是位君子，便收留他，相處一久，發現他的品行與儀表不相稱。宰予說話文雅流利，孔子以為他真的文雅，便收他為徒，長久相處，才發現他的智慧不如他的口才。因此孔子說：「以貌取人，在子羽身上我出了差錯；以言取人，在宰予身上我出了差錯。」所以像孔子這樣明智，還在看人用人上感慨失誤。現在出現的辯說之辭，勝過了宰予，而當代君主的判斷力比不上孔子，因為喜歡他的言論，就任用他，這怎能不出差錯呢？所以魏國聽信孟卯的辯辭，導致了華陽之戰的慘禍；趙國聽信馬服君趙括紙上談兵，釀成了長平之戰的滅頂之災。這兩件事都是任用能言善辯之徒失誤造成的惡果。鑄劍只看摻錫的多少和爐火的顏色，就是歐冶子也不能斷定寶劍的質量；用它在水中砍殺鵠雁，在陸上斬殺馬匹，就是奴婢也不會對它的利鈍判斷錯誤。只是掰開馬口看牙齒和看馬的外形，就是伯樂也無法判斷馬的好壞；要是駕車上路，看馬跑到終點的遠近距離，就是奴婢對馬的優劣也會看得清清楚楚。只看人的相貌、衣着，只聽他說話議論，孔子也難以斷定任職才能；讓他在官位上一試，考察他的辦事的成效，就是平常人也能分辨出愚智。因此，明君手下的高官，宰相必定從地方小吏中選任，猛將必定從士兵中提拔。有功的人必定賞賜，那麼爵位越高俸祿越豐厚，他們就越受激勵；逐級提升官職，那麼官位越高，辦事就越有成效。高官厚祿，吏治整飭，才是稱王天下的正確道路。

賞析與點評

「明主之吏，宰相必起於州郡，猛將必發於卒伍。」此論甚當，後世反有以門第出身決定公職者，政治軍事遂亦倒退。

忠孝

本篇導讀——

「忠孝」，忠於君主孝順父母之意。韓非在《忠孝》篇提出「臣事君，子事父，妻事夫。三者順則天下治，三者逆則天下亂」的命題，表面上看，與儒家的忠孝沒有區別。然而，在實質上是反儒家君君臣臣、父父子子三綱的。儒家認為君不君，才有臣弒君；父不父，才有子弒父，因此出現亂世。這個亂世之源在於君主失德。君主失德，甚至成為暴君，是可以推翻暴君統治的，所以說湯武革命是正義之舉。而韓非在這篇文章裏提出相反的觀點，認為即使是暴君，臣下也不可取代，更不可弒殺，君永遠是君，臣永遠是臣。臣不事君，天下則亂。所以，他說湯、武是弒君之臣，是大逆之舉，就是堯、舜也是弒君曲父的逆臣逆子。這與儒家「祖述堯、舜，憲章文、武」成了鮮明對照。

韓非把尊君事主的主張發展到了極致，以至於連暴君都不能打倒，腐敗王朝都不可以推翻，堅持「帽雖穿蔽，必戴於頭；鞋雖五彩，必踐於足」的不可動搖的原則，與「湯武革命」論唱反調。韓非提出建立君主制中央集權、以法治國是有歷史進步性的，對於結束諸侯割據，統一中國起到推動作用，功不可沒。但是，在本文中提出堯、舜、湯、武「反君臣之義」、「為人臣而弒其主、刑其屍」，「此天下所以至今不安者也」，卻走到了一個極端，把君權神聖化，君主一旦在位，應該永遠是君主，即使是暴君也不可以取代，這無疑使自己站到了暴君的一方去了。真理向前邁進一步，便成為謬誤，這也正是對韓非局限性的最好評說。

天下皆以孝悌忠順之道為是也[1]，而莫知察孝悌忠順之道而審行之，是以天下亂。皆以堯、舜之道為是而法之，是以有弒君，有曲父[2]。堯、舜、湯、武或反君臣之義，亂後世之教者也。堯為人君而君其臣，舜為人臣而臣其君，湯、武為人臣而弒其主、刑其屍[3]，而天下譽之，此天下所以至今不治者也。夫所謂明君者，能畜其臣者也；所謂賢臣者，能明法辟、治官職、以戴其君者也。今堯自以為明而不能以畜舜，舜自以為賢而不能以戴堯，湯、武自以為義而弒其君長，此明君且常與而賢臣且常取也。故至今為人子者有取其父之家，為人臣者有取其君之國者矣。父而讓子，君而讓臣，此非所以定位一教之道也。

臣之所聞曰：「臣事君，子事父，妻事夫，三者順則天下治，三者逆則天下亂，此天下之常道也。明王賢臣而弗易也。」則人主雖不肖，臣不敢侵也。今夫上賢任智無常[4]，逆道也；而天下常以為治，是故田氏奪呂氏於齊[5]，戴氏奪子氏於宋[6]。此皆賢且智也，豈愚且不肖乎？是廢常上賢則亂，舍法任智則危。故曰：上法而不上賢。

注釋

1 悌：弟弟敬愛兄長。

2 曲：彎曲，引申為不直（甚至忤逆）。

3 弒其主、刑其屍：據《史記》記載，商湯率兵伐桀，桀逃到鳴條（位於今山西運城），被流放死去。周武王率兵伐紂，紂兵潰敗，紂登鹿臺，自焚而死。武王將紂屍斬首，掛在白旗上。刑，斬割。

4 上：通「尚」，尊崇。

5 田氏奪呂氏於齊：指前四八一年田成子發動政變，殺掉齊簡公控制政權的事。田氏，指田常，即田成子，春秋末期齊國執政的卿。呂氏，這裏指齊簡公，姓呂，名任。

6 戴氏奪子氏於宋：指子罕劫殺宋桓侯，自立為君主的事。戴氏，指子罕，即皇喜，戰國時任宋國司城（即司空，主管土木建築工程的官）。子氏，這裏指宋桓侯，姓子，名璧。

譯文

天下的人們都認為孝悌忠順之道是對的，卻沒有人知道考察孝悌忠順之道的內容並且慎重地實行它，因此造成天下混亂。天下的人們都認為堯、舜之道是對的而效法它，因此出現臣子殺死君主、兒子背逆父親的情況。堯、舜、湯、武也有違反君臣之間的道德原則並擾亂後代政教的行為。堯本是君主卻把君位推讓給他的臣子，舜本是臣子卻把他的君主當做臣子，商湯本來是夏桀的臣子卻殺了他的君主，周武王本來是商紂的臣子卻割下了自己君主的腦袋示眾，天下的人們卻稱讚他們的行為，這就是從古到今天下不安定的原因。所謂英明的君主，是指能使自己的臣下馴服的人；所謂賢能的臣子，是指能闡揚法度、盡心職守、擁戴自己君主的人。堯自以為英明卻不能馴服舜，舜自以為賢能卻不能擁戴堯，商湯和周武王自以為行為合理，卻殺了自己的君主，這就是所謂的英明君主還常常失去權位，所謂的賢能臣子還常常篡奪權位的情況。所以直到今天還存在作為兒子的奪取父親的家業，作為臣子的奪取君主之國的事情。父親讓權給兒子，君主讓位給臣下，這並非是用以確定名位、統一政教的做法。

我聽說：「臣子服侍君主，兒子服侍父親，妻子服侍丈夫，這三種秩序理順以後，天下就能得到治理；如果違背了這三種秩序，天下就會混亂，這是天下的正常法則。」就是明君、賢臣也不能變更。既然這樣，那麼即使君主不夠賢明，臣子也不敢侵犯；現在尊尚賢人、任用智者沒有一定之規，是悖逆之道，一般人卻總認為是治國之道。正因如此，在齊國，田氏得以奪取呂氏政權；在宋國，戴氏得以奪取子氏政權。這些人都是有才能又有智慧的人，哪裏是既愚蠢又不賢的人呢？由此看來，廢棄常道去尊尚賢人就會發生混亂，捨棄法制而任用智者就會產生危險。所以說：要尊尚法制而不能尊尚賢人。

賞析與點評

漢人「三綱」之說，造成愚忠愚孝，壓抑婦女教育與人權，乃陽儒陰法之遺毒學說。

人主

本篇導讀——

「人主」為題，係取本篇第一句前兩個字而定。本篇提出人主「制天下而征諸侯」，最重要的是依靠威勢。失去威勢，人主便「身危國亡」。人主失去威勢的危險主要來自「大臣得威，左右擅勢」。在對待人主的威勢上，朝中存在兩股勢不兩立的勢力，這就是文中說的「法術之士與當途之臣不相容」的對立。

所選文段講述的是如何消除這種勢不兩立。文章指出，使用法術之士，大臣就不能獨斷專制，近侍也不敢擅權，君主的治國原則就能體現。如果當權大臣掌握權勢，結黨營私，法術之士就會被排斥，法術主張就不會被採用。造成勢不兩立的根本原因，是君主失去權威，不懂以法治國。所以消除勢不兩立的唯一辦法，就是君主行法用術，賞功進賢，斷私門之情，散權奸之黨，扶正祛邪。

《人主》篇一說不是韓非的作品。然考察文意，仍屬韓非思想，故本書仍收錄此文。

法術之士與當塗之臣不相容也[1]。何以明之？主有術士，則大臣不得制斷，近習不敢賣重[2]；大臣左右權勢息，則人主之道明矣。今則不然，其當塗之臣得勢擅事以環其私[3]，左右近習朋黨比周以制疏遠[4]，則法術之士奚時得進用[5]，人主奚時得論裁？故有術不必用，而勢不兩立，法術之士焉得無危？故君人者非能退大臣之議，而背左右之訟，獨合乎道言也，則法術之士安能蒙死亡之危而進說乎？此世之所以不治也。明主者，推功而爵祿，稱能而官事，所舉者必有賢，所用者必有能，賢能之士進，則私門之請止矣。夫有功者受重祿，有能者處大官，則私劍之士安得無離於私勇而疾距敵[6]？遊宦之士焉得無撓於私門而務於清潔矣？此所以聚賢能之士，而散私門之屬也。今近習者不必智，人主之於人也或有所知而聽之，入因與近習論其言，聽近習而不計其智，是與愚論智也。其當塗者不必賢，人主之於人或有所賢而禮之，入因與當塗者論其行，聽其言而不用賢，是與不肖論賢也。故智者決策於愚人，賢士程行於不肖，則賢智之士奚時得用，而人主之明塞矣。昔關龍逄說桀而傷其四肢[7]，王子比干諫紂而剖其心，子胥忠直夫差而誅於屬鏤[8]。此三子者，為人臣非不忠，而說非不當也，然不免於死亡之患者，主不察賢智之言，而蔽於愚不肖之患也。今人主非肯用法術之士，聽愚不肖之臣，則賢智之士孰敢當三子之危而進其智能者乎？此世之所以亂也。

注釋

1 塗：同「途」。

2 近習：指君主左右的親信。

3 環：營，謀求。

4 比周：緊密勾結，植黨營私。

5 奚：甚麼。

6 疾：快，引申為奮力。距：通「拒」，抵抗。

7 關龍逢：夏桀王的大臣，因直諫被殺。說：勸說。桀：夏朝的最後一個王。

8 誅於屬鏤（粵：燭漏；普：zhǔ lòu）：死在屬鏤劍下。屬鏤，劍名。

譯文

法術之士與當權大臣是互不相容的。怎麼來證明呢？君主使用法術之士，大臣就不能專制獨斷，近侍也不敢賣弄威勢；大臣和近侍的權勢消除後，君主的治國原則就能體現。現在卻不是這樣，那些當權大臣掌握權柄，把持政務，營求私利，左右親信結成朋黨，緊密勾結，挾制關係疏遠的人，那麼法術之士何時能得到選拔任用，君主何時能加以論斷裁決？所以，法術主張不一定被採用，又與權臣勢不兩立，主張法術的人怎能沒有危險？做君主的如果不能排除大臣的議論干擾，摒棄左右的誣陷，獨自作出符合原則的判斷，那麼法術之士哪能冒死亡的危險，向君主進說呢？這是國家得不到治理的癥結所在。英明的君主，按照功勞封爵賞祿，衡量才能進官授職，選拔的人必定有好的品德，任用的人必定有優秀才幹，賢能的人得以進用，私門的請託就行不通了。有功勞的人得到優厚的俸祿，有能力的人處在重要職位上，那麼寄養在私門的俠士怎麼能不拋掉私勇而去奮力抵抗敵人，靠遊說謀官的人又怎麼能不離開私門而務求保持節操呢？這就是聚集賢能人才而離散私門黨徒的必由途徑。現在的情形是：君主近侍不一定有智慧，而君主對於某人，有時欣賞他的智慧而聽取了他的意見，回頭又同近侍談論智者的言論。聽信近侍的話，卻不先衡量一下他的智力水平，這就成了同愚蠢的人評論有智慧的人。當權的人不一定賢良，而君主對於某人，有時欣賞他的賢良而加以禮遇，回頭又同當權的人判斷賢者的品行。聽信當權者的話，而不用賢良的人，這就成了同無德無才的人評價有德有才的人。所以有智慧的人，其主張倒要由愚蠢的人來決斷；有德有才的人，其品行倒要由無德無才的人來衡量。這樣一來，品德好、有智慧的人便沒有機會得到任用，而君主的眼睛就被蒙上了。過去關龍逢勸說夏桀，結果四肢都被肢解了；王子比干勸諫商紂，結果心臟都被剖開了；伍子胥忠誠吳王夫差，結果死於屬鏤劍下。這三個人，做臣子不是不忠，建議不是不恰當，但是最終不免於死亡的禍患，原因就在君主不明察賢士和智者的主張，而受蠢才和惡人的蒙蔽。現在，君主如果不肯任用法術之士，而要聽從沒有智慧、沒有德才的臣子的話，那麼品德好、智慧高的法術之士，誰還敢冒着關龍逢、比干、伍子胥三個人那樣的危險，去進獻自己的智慧和才能呢？這就是社會動亂的根源了。

賞析與點評

原文首句：「人主之所以身危國亡者，大臣太貴，左右太威也。」後又云：「萬乘之主，千乘之君，所以制天下而征諸侯者，以其威勢也，威勢者，人主之筋力也。」數語可謂韓非「君王專制權勢論」之核心。

心度

本篇導讀——

此篇旨在論立國用民之道。韓非指出，國之要務在於統一民心，而治民之本在於明法，使賞罰行於天下。又提出「治民無常，唯治為法」，「法與時轉則治，治與世宜則有功」。行法在於禁奸，禁奸則國治主尊，故曰「塞其奸者必王」。

本文是《心度》篇的第一段。這裏強調法為治民之本，法不應縱民慾，旨在利民。利民的根本辦法是不讓他們為奸作亂，而是安於守法。守法則不生奸邪之心。這就是韓非說的以法治民就要「禁奸於未萌」，用兵者「服戰於民心」，「國事務先而一民心」。以法治國者強，謂之政，主尊能控制臣民，謂之權。君主有政有權，國家才能得到治理，所以說「法」即稱王之本。

聖人之治民，度於本[1]，不從其欲[2]，期於利民而已。故其與之刑，非所以惡民[3]，愛之本也。刑勝而民靜，賞繁而奸生。故治民者，刑勝，治之首也；賞繁，亂之本也。夫民之性，喜其亂而不親其法。故明主之治國也，明賞，則民勸功[4]；嚴刑，則民親法。勸功，則公事不犯；親法，則奸無所萌[5]。故治民者，禁奸於未萌；而用兵者，服戰於民心。禁先其本者治[6]，兵戰其心者勝[7]。聖人之治民也，先治者強[8]，先戰者勝[9]。夫國事務先而一民心，專舉公而私不從，賞告而奸不生，明法而治不煩。能用四者強，不能用四者弱。夫國之所以強者，政也；主之所以尊者，權也。故明君有權有政，亂君亦有權有政，積而不同，其所以立異也。故明君操權而上重，一政而國治。故法者，王之本也；刑者，愛之自也。

注釋

1 度：考慮，衡量。本：根本。這裏指法。

2 從：同「縱」，放縱。

3 惡：厭惡，憎恨。

4 勸：勉勵。

5 萌：萌芽，引申為發生。

6 **禁先其本**：在他們的本性表現出來之前就禁止，即「禁奸於未萌」。

7 **兵戰其心**：使他們的心裏樹立起戰爭的觀念，即「服戰於民心」。

8 **先治**：指「禁先其本」。

9 **先戰**：指「兵戰其心」。

譯文

聖人治理民眾，從根本上考慮問題，不以滿足民眾慾望為轉移，只希望給民眾帶來實際利益。當君主對民眾用刑罰的時候，不是憎恨民眾，而是從愛護他們的根本利益出發的。刑罰嚴峻，民眾就安定；賞賜太濫，奸邪就滋生。所以治理民眾，刑罰嚴峻是國家太平的首要任務，賞賜太濫是國家混亂的根源。民眾的本性是喜歡賞賜而厭惡刑罰。所以明君治理國家時，明定獎賞，民眾就努力立功；刑罰嚴厲，民眾就服從法令。民眾努力立功，政府的事務就不受侵擾；民眾服從法令，奸邪就不會產生。所以治理民眾，要把奸邪禁止在尚未發生之時；用兵作戰，要使一切服從打仗的宗旨深入民心。禁令能先治本的才有效，用兵能服民心的才能勝利。聖人治理民眾，因為先治本，所以能強大；因為先服心，所以能取勝。國家大事要爭先恐後，就要統一民心；專行公務，需要杜絕私慾；獎賞告奸，奸邪就不會產生；明定法度，政務就不會繁亂。能做到這四點的，國家就強盛；不能做到這四點的，國家就衰弱。國家之所以強大，靠的是以法治國的措施；君主之所以尊貴，靠的是權力。所以，明君有權力並採取治國的措施，昏君也有權力並採取治國的措施，結果不同，是因為各自確立的原則有別。明君掌握權勢，地位就尊貴；專心以法治國，國家就太平。所以，法令是稱王天下的根本，刑罰是愛護民眾的措施。

賞析與點評

利民，終所以便於管治而最終利君，不可誤會此為韓非之書王道之句。

名句索引

一至二畫

五畫

外舉不避讎，內舉不避子。 二二四

母之愛子也倍父，父令之行於子者十母；吏之於民無愛，令之行於民也萬父。母積愛而令窮，吏用威嚴而民聽從，嚴愛之策亦可決矣。母厚愛處，子多敗，推愛也；父薄愛教笞，子多善，用嚴也。 三一四

瓦器，至賤也，不漏，可以盛酒。雖有乎千金之玉卮，至貴而無當，漏，不可盛水。 二三五

六畫

有功則君有其賢，有過則臣任其罪。 ○三五

有愛於主，則智當而加親；有憎於主，則智不當見罪而加疏。 一○四

臣事君，子事父，妻事夫，三者順則天下治，三者逆則天下亂，此天下之常道也。 三四九

七畫

劫殺死亡之君，此其心之憂懼，形之苦痛也，必甚於厲矣。 一一五

君臣之際，非父子之親也，計數之所出也。君有道，則臣盡力而奸不生；無道，則臣上塞主明而下成私。 二六五

君臣非有骨肉之親，正直之道可以得利，則臣盡力以事主；正直之道不可以得安，

八至九畫

法不阿貴，繩不撓曲。法之所加，智者弗能辭，勇者弗敢爭。刑過不避大臣，賞善不遺匹夫。 〇四六

厚者為戮，薄者見疑，則非知之難也，處知則難也。 一〇三

十畫及以上

秦之號令賞罰，地形利害，天下莫若也。 〇二四

耽於女樂，不顧國政，則亡國之禍也。 〇七六

惜草茅者耗禾穗，惠盜賊者傷良民。 二七六

智法之士與當塗之人，不可兩存之仇也。 〇八〇

禁奸之法，太上禁其心，其次禁其言，其次禁其事。 三〇二

禍難生於邪心，邪心誘於可欲。 一三九

買其櫝而還其珠。 一九九

聖人不期修古，不法常可，論世之事，因為之備。 三二三

聖人不親細民，明主不躬小事。 二五八

聖人之治也，審於法禁，法禁明著，則官治；必於賞罰，賞罰不阿，則民用。 三一〇

新 視 野
中華經典文庫

新 視 野
中華經典文庫